Knock! Knock!

우리 아이의
수학적 잠재력을 깨워주는

창의력 수학 노크

B4

실생활로
배우는 수학

이 책을 보시는 부모님들께

머리가 좋아야 수학을 잘 한다는 말이 있습니다. 또, 수학을 잘 못하는 아이는 아빠, 엄마의 머리를 물려받아서 그렇다는 등의 난데없는 유전자 논쟁이 벌어지기도 합니다. 하지만 많은 사람들의 일반적인 생각과는 달리 이는 근거없는 이야기입니다. 외국의 한 연구 기관에서 언어, 사회, 수학, 과학의 네 가지 분야 중 어떤 것이 아동의 선천적 재능에 영향을 받는지 조사한 연구 결과를 발표했는데 일반적인 예상과는 다르게 선천적 재능에 영향을 받는 순서는 사회, 언어, 과학, 수학 순이었습니다. 다시 말해, 수학은 여러 학문 분야 중 선천적인 재능보다는 후천적인 환경이나 교육자, 학습자의 노력에 가장 큰 영향을 받는 학문이라 볼 수 있습니다. 수학의 가장 기본이 되는 '수 영역'의 예를 들어 보겠습니다. 아이들이 수를 처음 접하는 시기의 차이는 있지만 실제 수에 대한 감각과 수를 다루는 연습은 생활 속에서의 체험이나 다양한 활동, 학습 속에서 이루어집니다. 즉, 수학의 가장 기본이 되는 수는 선천적으로 가진 재능과는 거의 연관이 없으며 자라나면서 어떤 환경에 놓이는지, 얼마나 많이 수를 생각할 수 있는 기회가 있는지, 나이에 맞는 올바른 학습을 만날 수 있는지에 좌우됩니다. 그러므로 아이의 수학적 발달에 문제가 있다면, 그 아이가 누구를 닮아서 그런지, 지능이 떨어지는지를 따질 것이 아니라 수학적 힘을 기를 수 있는 학습 환경을 어떻게 만들어줄 것인가를 고민해야 합니다.

국제영재교육연구소의 랜즐리 소장은 영재의 기준을 마련하기 위해 여러 연구를 시행한 결과, 영재의 공통적인 특징들을 발견하였습니다. 첫째는 115 이상의 지능지수(IQ), 둘째는 창의력(Creativity), 셋째는 동기적 요소라고 부르는 끈질긴 근성과 과제집착력이었습니다. 이들 세 가지 요소 역시 선천적으로 타고 나는 부분도 물론 있겠지만 대부분 후천적인 학습이나 교육 활동을 통해 기를 수 있는 능력이라는 데에 이의를 제기하기는 힘듭니다.

이처럼 수학적 능력은 후천적 학습 환경에 주로 좌우되며, 특히 어린 시절에는 그러한 경향이 더더욱 두드러집니다. 하지만 우리의 아이들을 둘러싼 수학적 환경을 다시 한 번 돌아봅시다. 초등학교를 들어가기 전부터 과도한 학습량과 무의미한 반복 활동, 이후의 수학 학습에 오히려 방해가 될 정도로 무리한 선행 학습 등의 환경은 아이의 수학적 힘을 길러주기보다는 수학에서 가장 중요한 창의적 사고력을 기를 수 있는 기회를 박탈함과 동시에 수학에 대한 흥미를 급속하게 떨어뜨리게 하여 수학으로 문제를 해결하려는 의지, 즉 수학적 동기를 스스로에게 부여하는 것을 불가능하게 만들어 버립니다. 중요한 것은 남들보다 먼저, 그리고 더 많이 수학적 지식을 머리 속에 주입하는 것이 아니라 태어나서부터 누구나 가지고 있는 수학에 대한 관심, 그리고 수학으로 생각하는 힘을 일깨워주는 것입니다.

수학을 잘할 수 있는 힘,

수학적 잠재력은 이미 여러분 아이들의 머릿 속에 줄곧 있어왔습니다. 단지 어떤 아이는 그것을 찾아내어 드러낼 수 있었고, 어떤 아이는 꼭꼭 숨긴 채 평생 드러나지 않을 뿐입니다. 이러한 수학적 잠재력에 대한 참신한 자극 – 생각을 두드리는 '**노크**'를 제안하려 합니다. '**노크**'는 수학적 지식과 스킬만을 무리하게 밀어넣지 않습니다. 왜 수학을 해야 하고, 어떻게 수학으로 가능한지 끊임없이 스스로 생각하게하는 계기로서의 활동이 되려 합니다. 일상으로부터 괴리된 학문으로서의 수학이 아닌, 삶을 살아가며 반드시 키워야 할 논리적, 합리적 사고력을 기를 수 있는 누구에게나 가장 중요한 경쟁력으로서의 수학을 주장합니다. '**노크**'야말로 새로운 수학 학습의 길을 보여주는 방향타가 될 것입니다.

한 현 조

이 책의

구성과 특징

흥미로운 단원 도입

테마 Story

- 이야기의 주제와 단원 내용을 소개함으로써 학습 내용에 흥미를 가질 수 있도록 합니다.
- 단원과 관련된 그림과 질문을 통해 배울 내용을 미리 생각해 볼 수 있습니다.

수학 이야기

- 재미있는 이야기를 통해 학습 주제에 대한 흥미와 관심을 높일 수 있습니다.
- 과학, 예술, 역사, 수학사, 실생활 등 다양한 이야기를 수학적 개념과 관련지어 수학의 가치와 필요성을 느낄 수 있도록 합니다.

창의적인 내용 전개

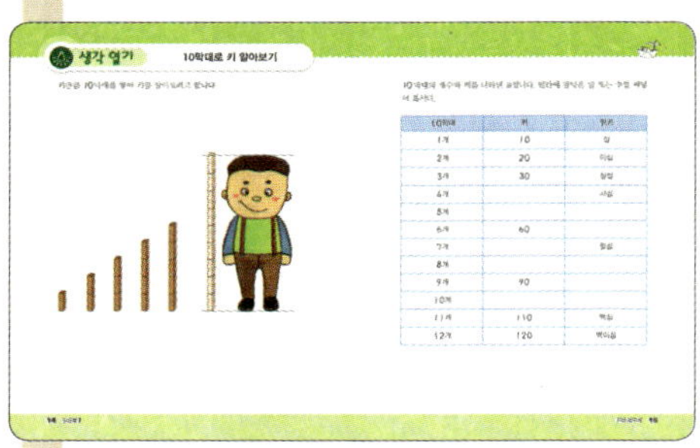

생각 열기

- 수학적 개념, 원리, 법칙을 자유로운 생각과 다양한 활동을 통해 발견할 수 있도록 합니다.

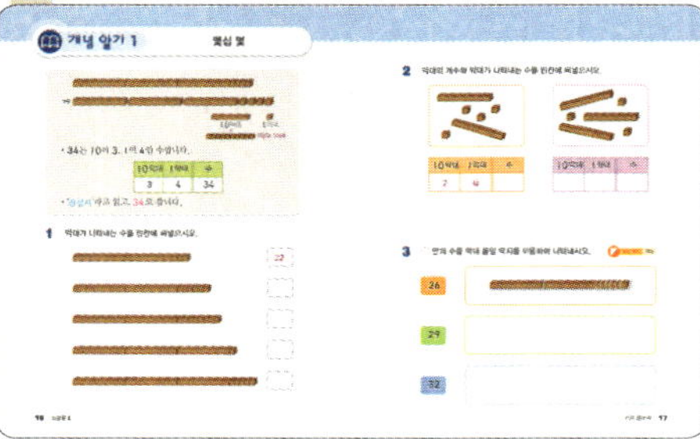

개념 알기

- 단원별 4개의 소주제를 제시하였고, 학습 목표를 쉽게 이해할 수 있도록 설명해 놓았습니다.
- 기본 유형 문제와 간단한 응용 문제로 구성되어 있어 수학적 사고력을 단계적으로 기를 수 있습니다.

이야기 수학_ 이야기 속 문제 상황을 통해 호기심을 유발하고, 단원에서 배우게 될 내용을 예측하고 발견할 수 있도록 하였습니다.
사고력 수학_ 주제별 기본개념을 이해하고, 확인학습을 통해 개념을 익히고 다질 수 있도록 하였습니다.
창의력 수학_ 다양한 방법으로 심화 문제를 해결함으로써 문제 해결 능력, 의사소통 능력, 추론 능력을 향상시킬 수 있도록 하였습니다.

창의사고력 심화 학습

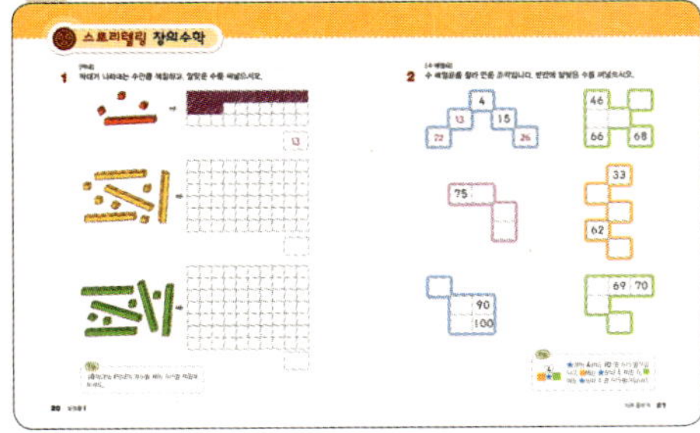

스토리텔링 창의수학

- 주제와 관련된 창의 사고력 수학 문제를 제시하여 학습 내용을 좀 더 다양하고 깊게 탐구해 볼 수 있습니다.
- 다른 학문 분야나 생활 속 현상 등과 같은 다양한 소재로 문제 해결력, 융합적 사고력을 기를 수 있습니다.

재미있는 활동과 읽을거리

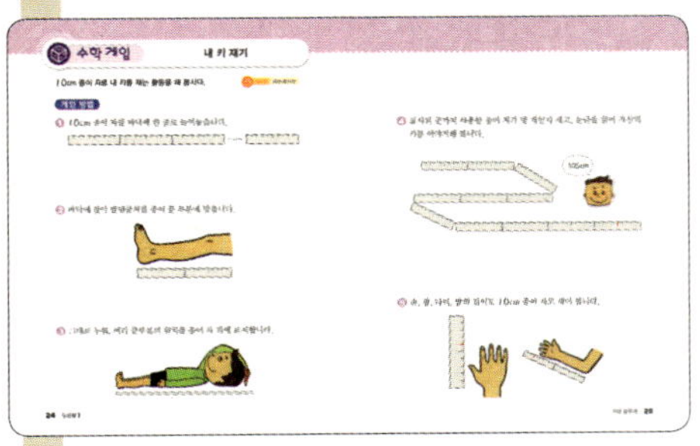

수학 게임

- 만들기 활동으로 수학에 관심과 흥미를 가지고 수학의 가치를 이해하며, 자연스러운 학습으로 자신감을 키울 수 있습니다.
- 수학 게임으로 재미있게 수학을 학습하고, 게임의 규칙과 승리 전략을 탐구하며 논리적인 사고력을 기를 수 있습니다.

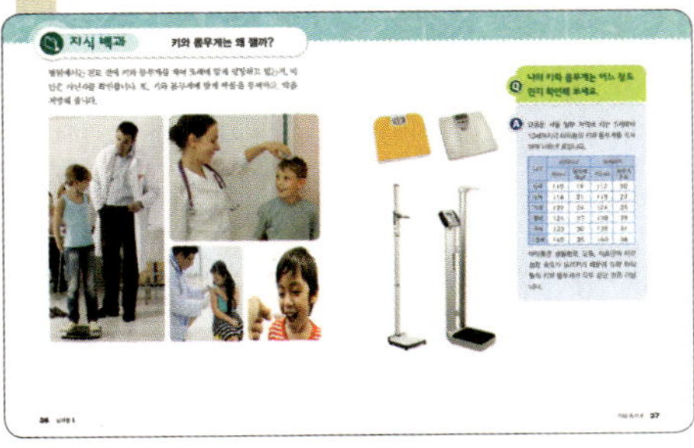

지식 백과

- 각 단원의 마지막에 있는 읽을거리로 사회, 과학, 예술 및 실생활 사례 등을 수학적으로 바라볼 수 있도록 하였습니다.
- Q A는 지식을 업그레이드 할 수 있는 코너로 아이들 눈에 궁금할 수 있는 질문과 그에 대한 명쾌한 답을 실었습니다.

빠른 답과 바른 풀이

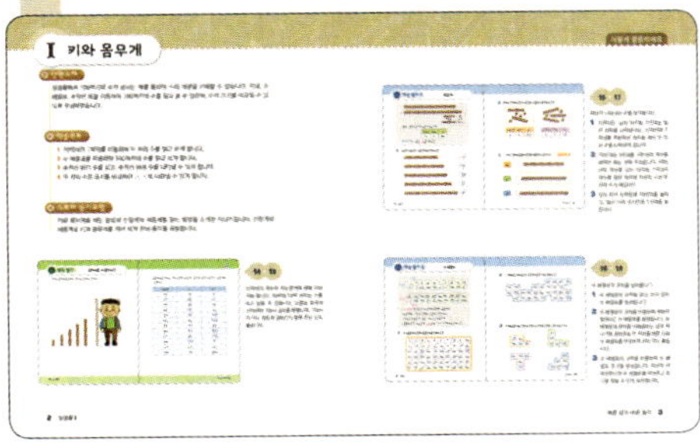

- 각 단원을 간단히 소개하고 학습 목표 및 방향을 바로 세울 수 있게 구성하였습니다. 빠르고 쉽게 정답을 확인할 수 있으며 학부모용 활용 방법을 제시하여 학습지도에 도움이 되도록 하였습니다.

이 책의

차례 CONTENTS

실생활 I

실생활 II

실생활 III

실생활 IV

실생활 I

1

2

키와 몸무게

키와 몸무게를 재어 보아요.

병원에 가면,
의사 선생님을 만나기 전에
먼저 **키와 몸무게**를 재어야 한대요.

귀여운 기린 신장계로 키를 재어요.
(신장계: 사람의 키를 재기 위한 장치)
발꿈치를 들지 않아야
정확한 키를 잴 수 있어요.

1 발뒤꿈치, 엉덩이를 벽에 붙이고, 허리를 꼿꼿이 편 자세로 섭니다. 앞을 바라봅니다.

2 머리 꼭대기 부분의 위치를 표시합니다.

3 먼저 표시된 부분보다 아래에 있는 큰 수를 읽습니다.

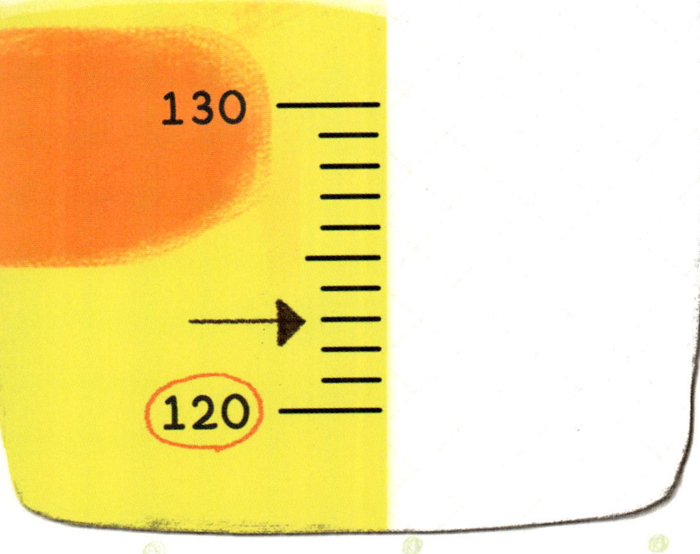

120

4 그 수에서 표시된 부분까지 몇 칸인지 세어 정확한 키를 잽니다. 눈금 한 칸은 1cm입니다.

3칸 → 123cm

숫자가 써진 체중계로 몸무게를 재어요.

몸무게를 잴 때,
몸을 움직이면 숫자판도 따라 움직여요.
움직이지 않고 가만히 서 있어야 정확한 몸무게를 잴 수 있어요.

1 신발을 벗고 체중계 위로 올라간 후, 앞을 바라보고 서 있습니다.

2 숫자판이 멈출 때까지 가만히 서서 움직이지 않습니다.

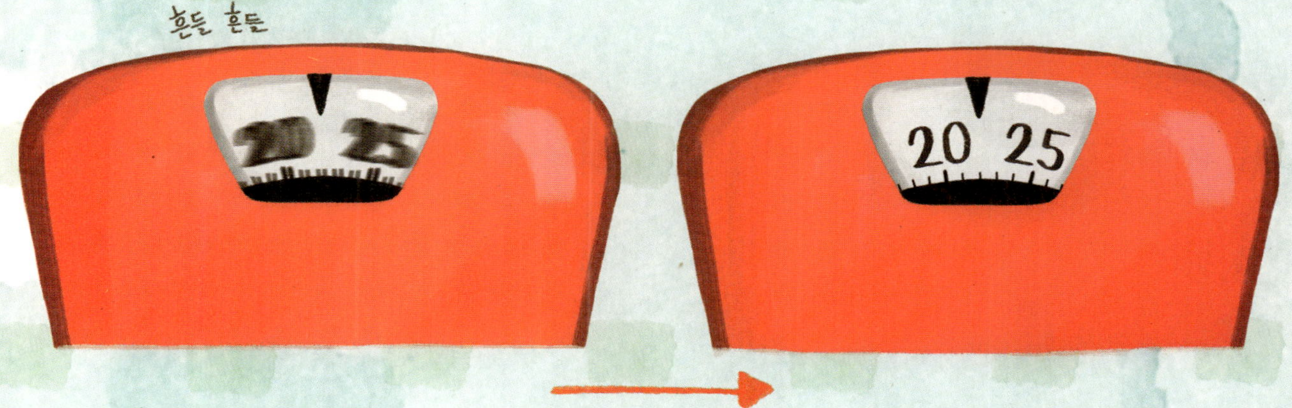

3 먼저 바늘 왼쪽에 있는 큰 수를 읽은 후, 그 수에서 바늘이 가리키는 곳까지 몇 칸인지 세어 몸무게를 잽니다. 눈금 한 칸은 1 kg입니다.

10막대로 키 알아보기

키만큼 10막대를 쌓아 키를 알아보려고 합니다.

10막대의 개수와 키를 나타낸 표입니다. 빈칸에 알맞은 말 또는 수를 써넣어 봅시다.

10막대	키	읽기
1개	10	십
2개	20	이십
3개	30	삼십
4개		사십
5개		
6개	60	
7개		칠십
8개		
9개	90	
10개		
11개	110	백십
12개	120	백이십

몇십 몇

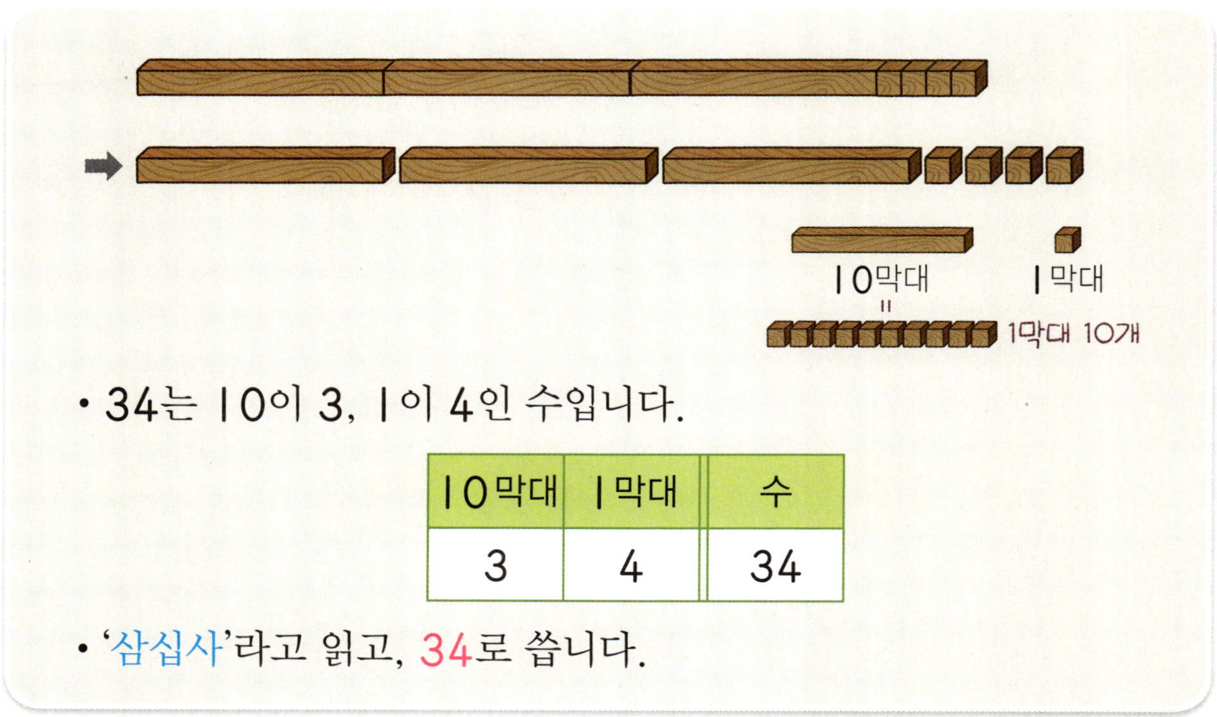

• 34는 10이 3, 1이 4인 수입니다.

10막대	1막대	수
3	4	34

• '삼십사'라고 읽고, 34로 씁니다.

1 막대가 나타내는 수를 빈칸에 써넣으시오.

22

2 막대의 개수와 막대가 나타내는 수를 빈칸에 써넣으시오.

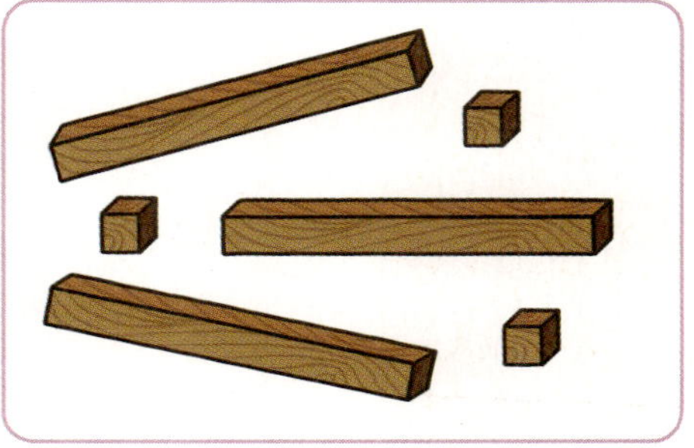

10막대	1막대	수
2	4	

10막대	1막대	수

3 ▢ 안의 수를 막대 붙임 딱지를 이용하여 나타내시오.

26

29

32

수 배열표

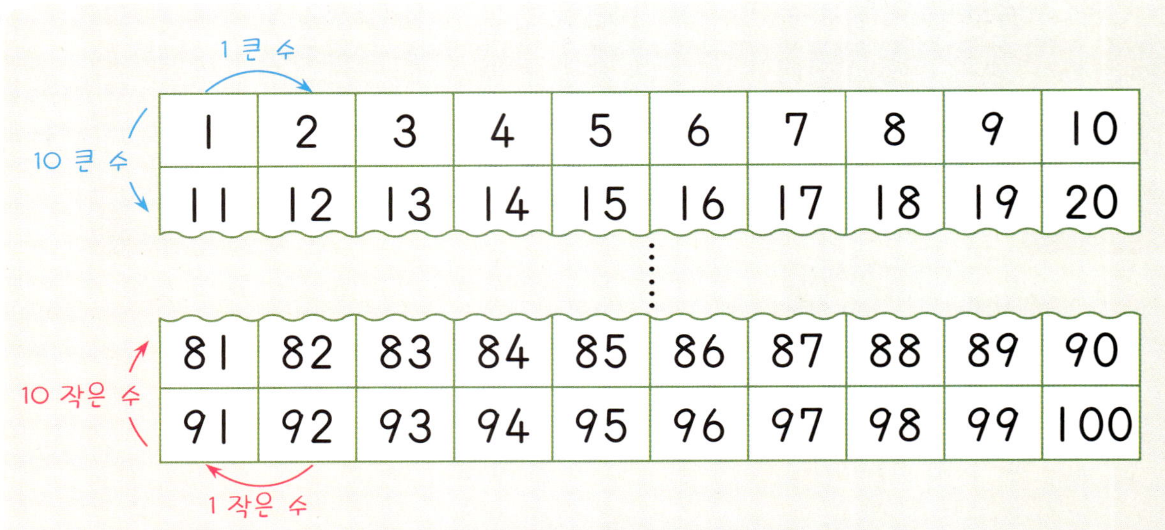

- 수 배열표는 수들을 순서대로 배열한 표입니다.
- 오른쪽은 1 큰 수, 아래는 10 큰 수입니다.
- 왼쪽은 1 작은 수, 위는 10 작은 수입니다.
- 99 다음에 오는 수를 100으로 쓰고, '백'이라고 읽습니다.

1 수 배열표의 빈칸에 알맞은 수를 써넣으시오.

	2		4	5	6	7		9	10
11		13	14	15	16	17	18		20
	22		24	25		27	28	29	
31	32	33	34		36		38	39	40
41	42	43		45	46	47		49	50
51	52	53	54	55	56	57	58	59	60

2 수 배열표의 일부입니다. 빈칸에 알맞은 수를 써넣으시오.

									70
71	72			75		77	78	79	
81		83		85	86	87		89	90
	92		94	95	96		98	99	

3 수 배열표를 잘라 만든 조각입니다. 빈칸에 알맞은 수를 써넣으시오.

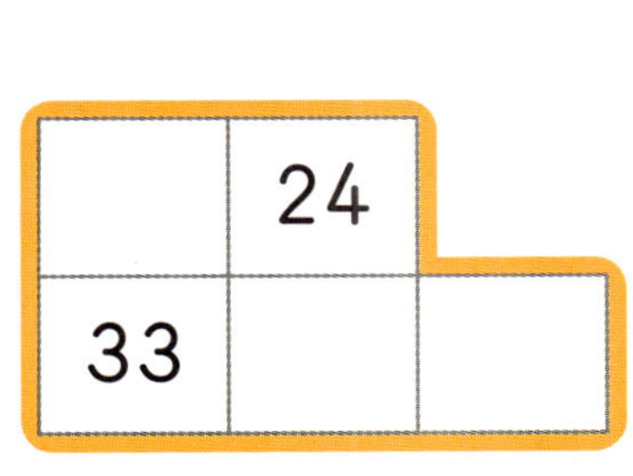

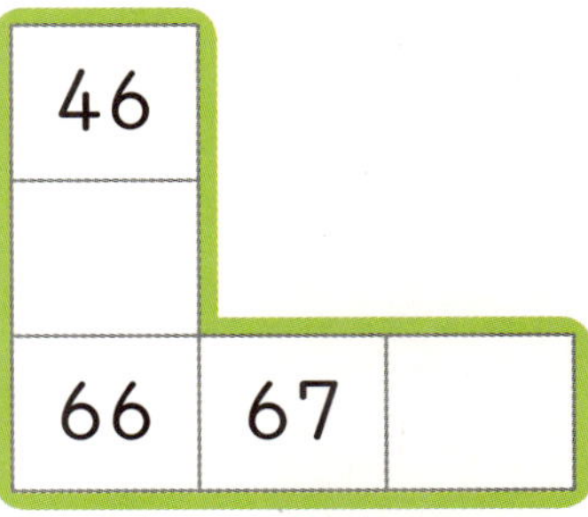

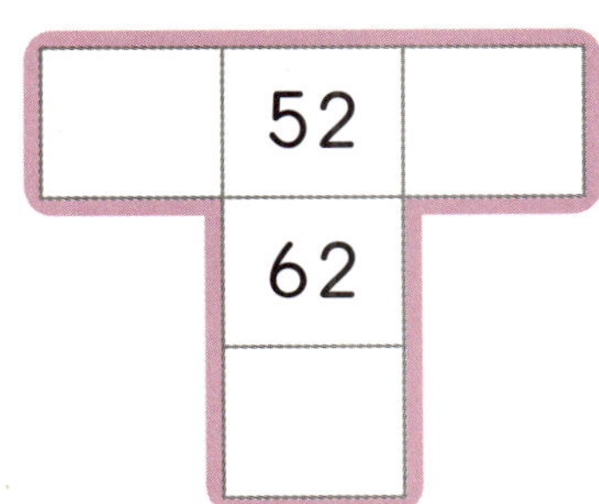

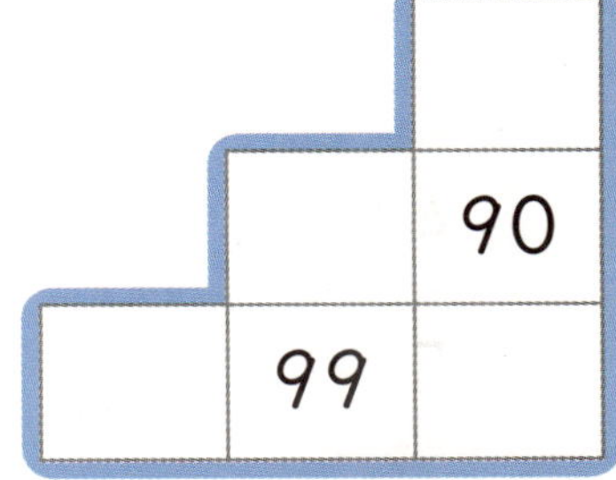

스토리텔링 창의수학

[막대]

1 막대가 나타내는 수만큼 색칠하고, 알맞은 수를 써넣으시오.

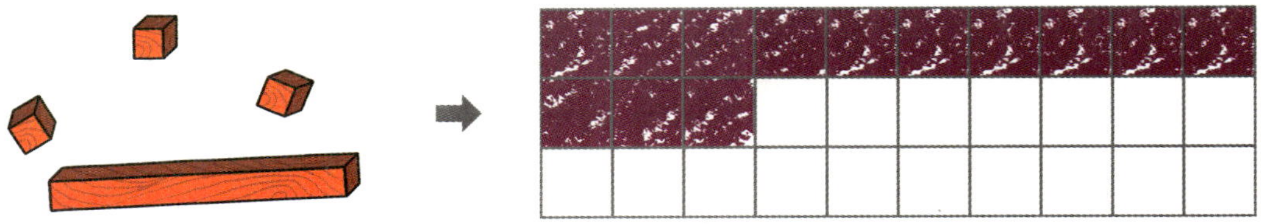

13

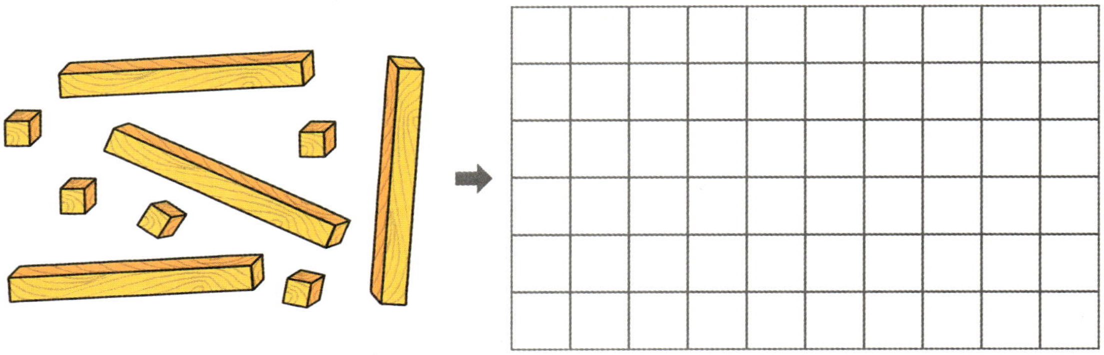

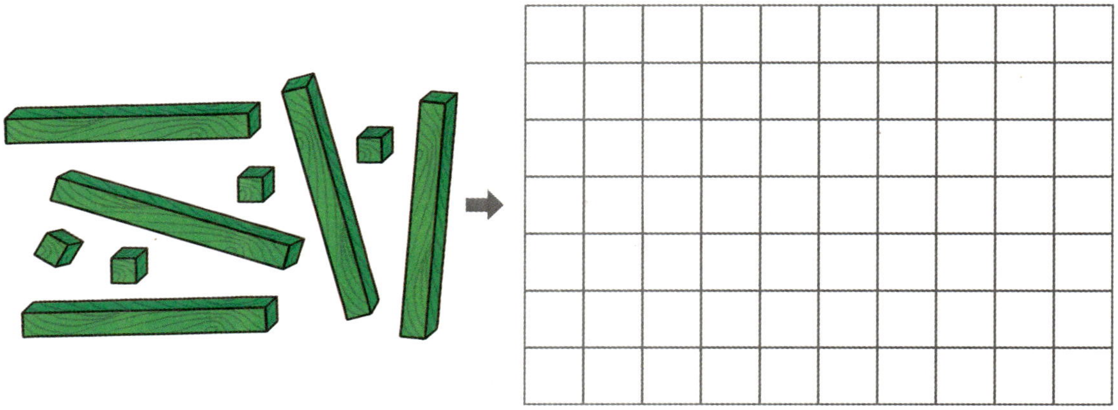

Tip

10막대와 1막대의 개수를 세어 수만큼 색칠해 보세요.

[수 배열표]

2 수 배열표를 잘라 만든 조각입니다. 빈칸에 알맞은 수를 써넣으시오.

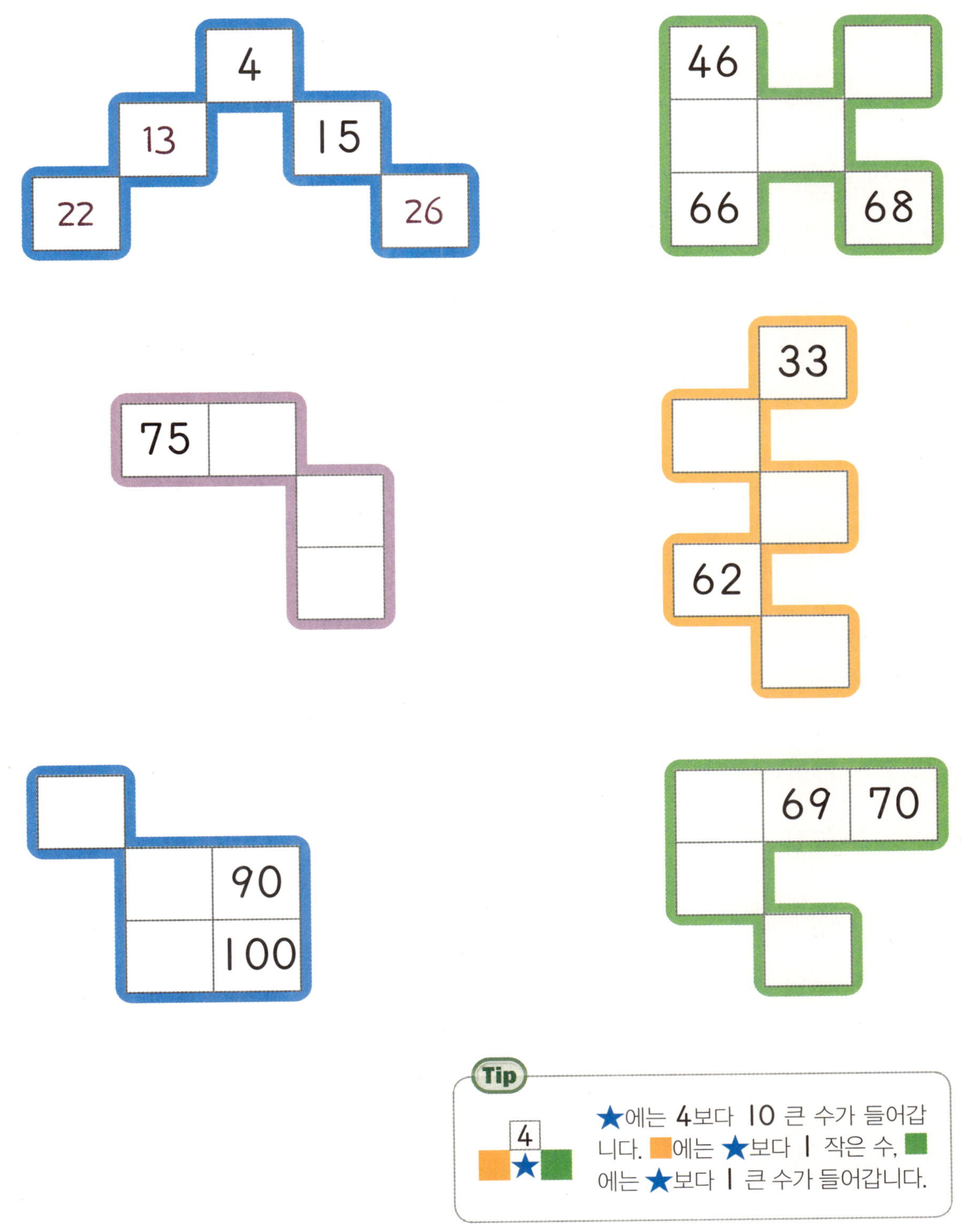

Tip

★에는 4보다 10 큰 수가 들어갑니다. ■에는 ★보다 1 작은 수, ■에는 ★보다 1 큰 수가 들어갑니다.

[동물의 키]

3 사다리를 타고 내려가면 동물의 키를 알 수 있습니다. 지나가는 곳의 막대를 모두 더하여 네 동물의 키를 각각 구하시오.

[신장계]

4 신장계에는 키가 얼마인지 알 수 있는 수가 쓰여 있습니다. 친구들이 키를 잴 수 있도록 빈칸에 알맞은 수를 써넣으시오.

내 키 재기

10cm 종이 자로 내 키를 재는 활동을 해 봅시다.

게임 방법

1. 10cm 종이 자를 바닥에 한 줄로 늘어놓습니다.

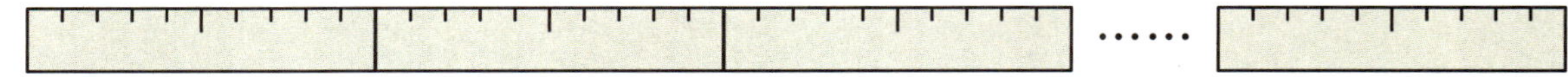

2. 바닥에 앉아 발뒤꿈치를 종이 끝 부분에 맞춥니다.

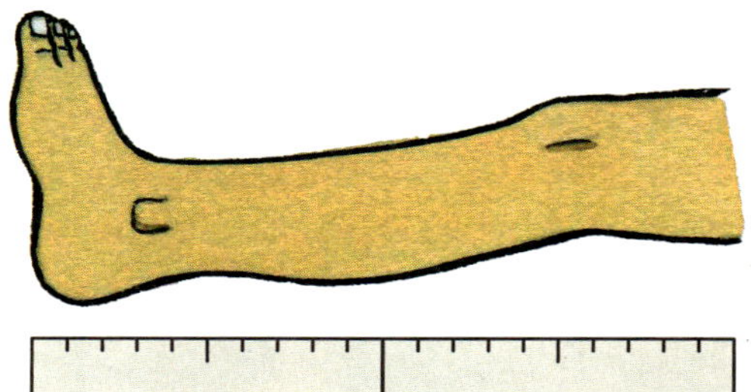

3. 그대로 누워, 머리 끝부분의 위치를 종이 자 위에 표시합니다.

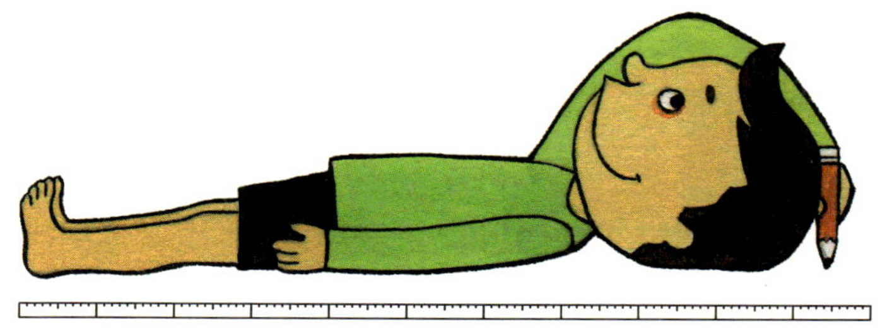

4 표시된 곳까지 사용한 종이 자가 몇 개인지 세고, 눈금을 읽어 자신의 키를 이야기해 봅니다.

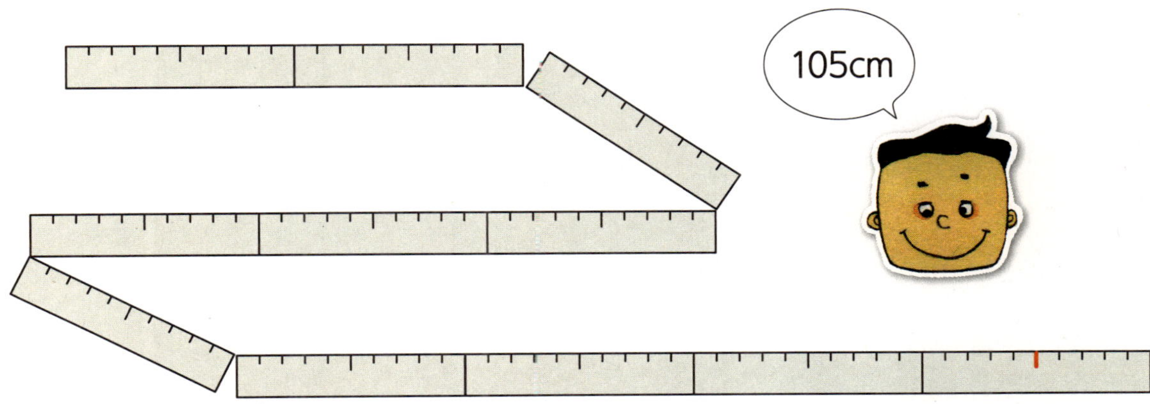

5 손, 팔, 다리, 발의 길이도 10cm 종이 자로 재어 봅니다.

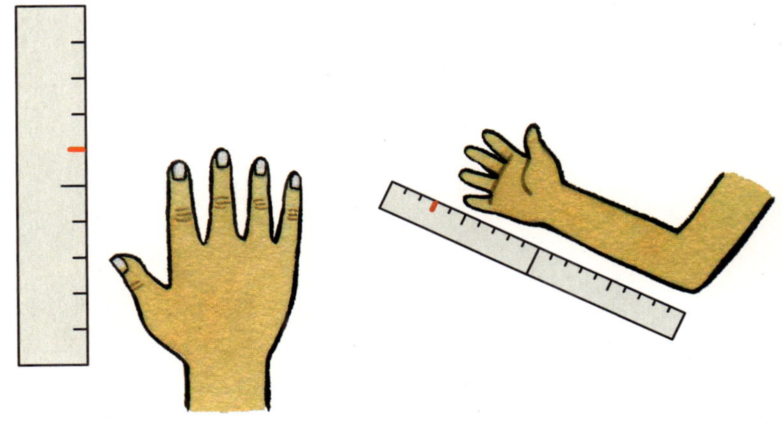

생각 열기 몸무게

체중계는 바늘의 왼쪽에 있는 수부터 눈금을 세어 읽어야 합니다. 체중계를 보고 여러 사람들의 몸무게를 알아봅니다.

23kg

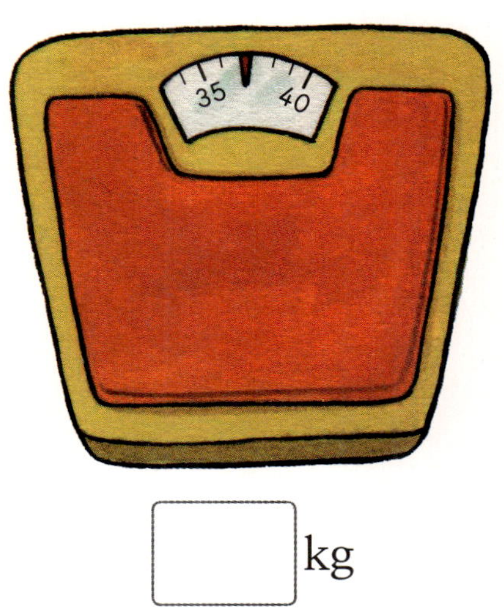

kg

kg

개념 알기 3 두 수의 크기 비교

- 두 수의 크기를 비교하여 >, <로 나타냅니다.
- 십의 자리 숫자가 더 큰 쪽이 큰 수입니다. 예 19 < 23
- 십의 자리 숫자가 같으면 일의 자리 숫자가 더 큰 쪽이 큰 수입니다. 예 37 > 34

1 크기를 비교하여 >, <로 나타내고, 알맞은 말에 ○표 하시오.

17 (<) 31 — 17은 31보다 더 (작습니다 , 큽니다).

41 ( ) 24 — 41은 24보다 더 (작습니다 , 큽니다).

38 ( ) 51 — 38은 51보다 더 (작습니다 , 큽니다).

2 두 친구의 몸무게를 비교하여 $>$, $<$로 나타내어 보시오.

3 □ 안에 알맞은 수를 모두 찾아 ○표 하시오.

$16 < \square$ 15   16    17   18

$27 > \square$ 26   28   29   30

$31 < \square$ 29   31   32   33

$42 > \square$ 40   41   43   44

개념 알기 4　수직선 위의 수

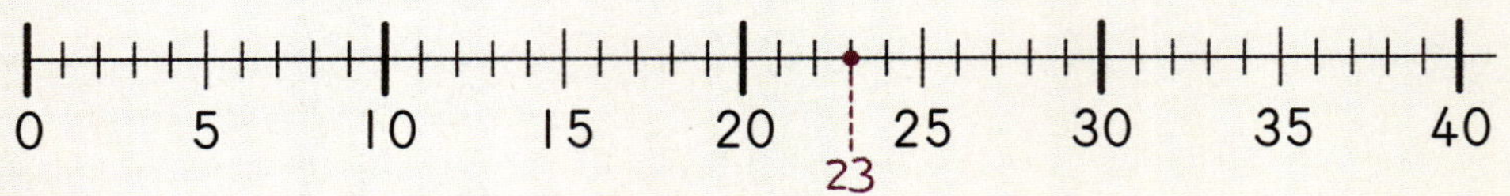

- 작은 눈금 한 칸은 1을 나타냅니다.
- 23은 20보다 3 큰 수, 25보다 2 작은 수입니다.
- 수직선에서 오른쪽으로 갈수록 더 큰 수, 왼쪽으로 갈수록 더 작은 수입니다.

1 빈칸에 알맞은 수를 써넣으시오.

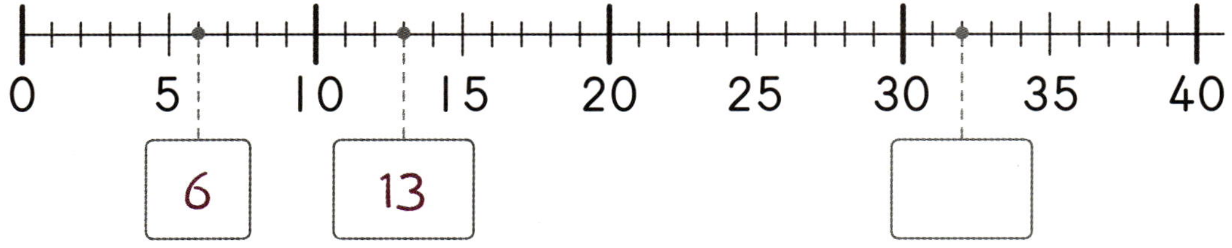

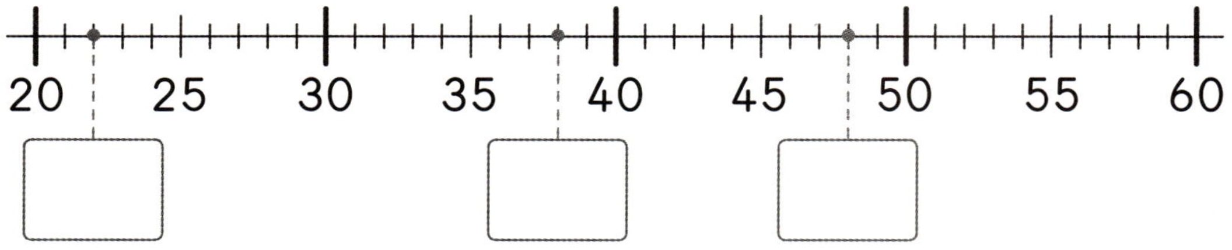

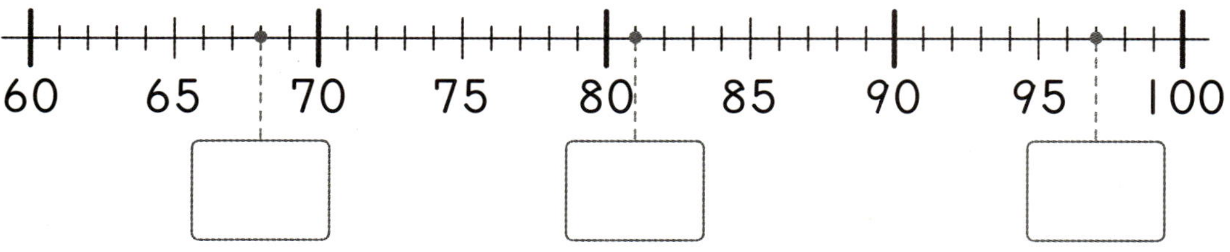

2 수직선 위에 나타내어 보시오.

4 12 26 39

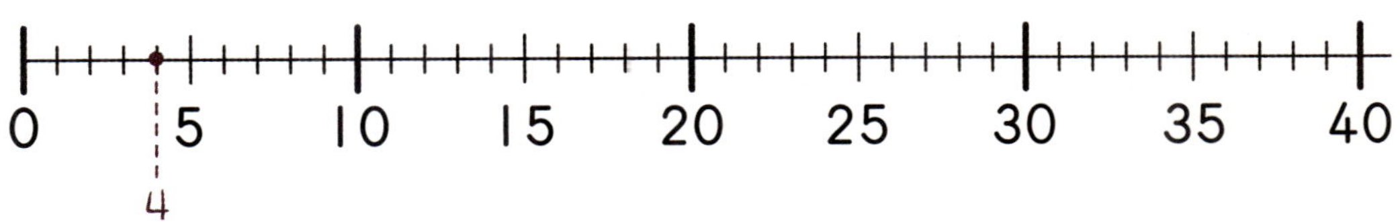

3 수를 수직선 위에 나타내고 크기를 비교하여 빈칸에 써넣으시오.

50 67 46

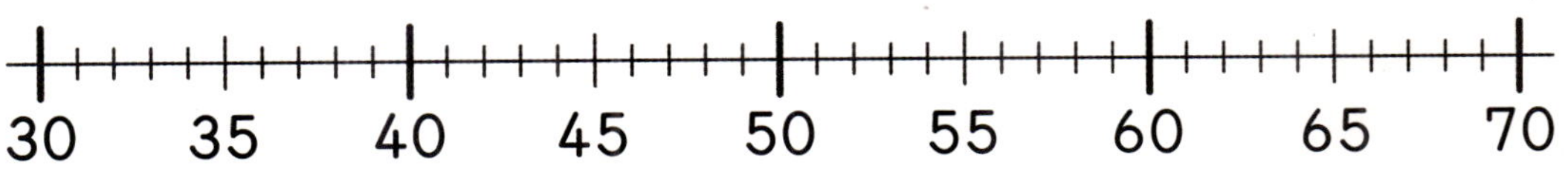

57 90 65

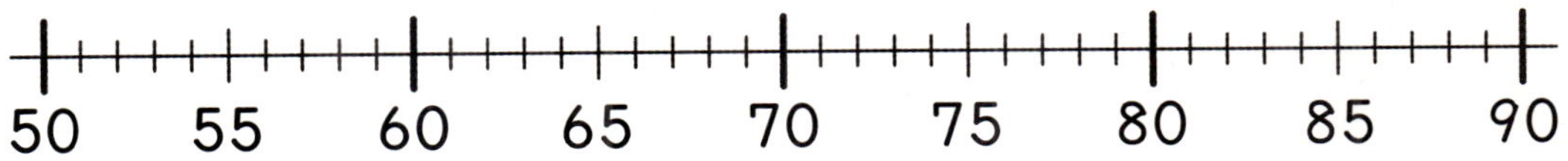

스토리텔링 창의수학

[수직선]

1 두 수를 수직선에 연결하고, 크기를 비교하여 >, <로 나타내어 보시오.

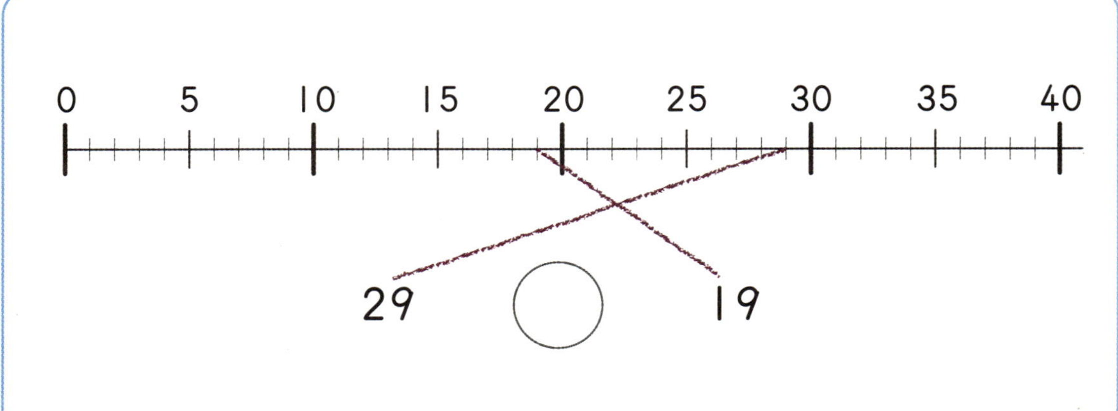

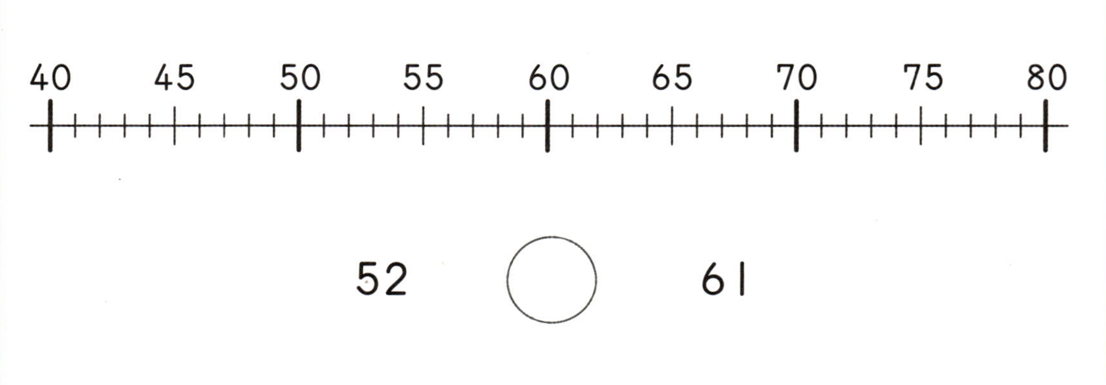

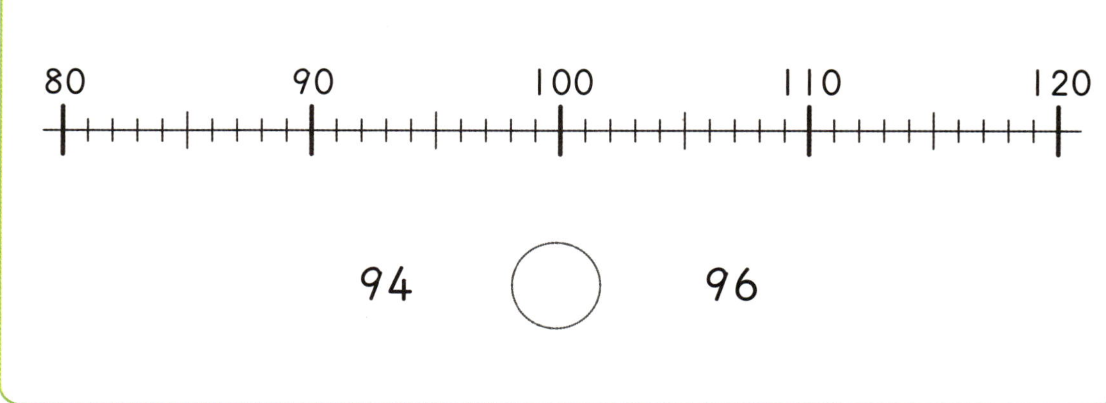

[시소]

2 시소가 어느 한쪽으로 기울지 않으면 양쪽의 무게가 같은 것입니다. 양쪽의 무게가 같도록 추를 색칠하시오.

[몸무게, 키]

3 몸무게는 kg, 키는 cm를 붙여 나타냅니다. 친구들의 몸무게와 키를 수직선의 알맞은 위치에 선으로 이어 보시오.

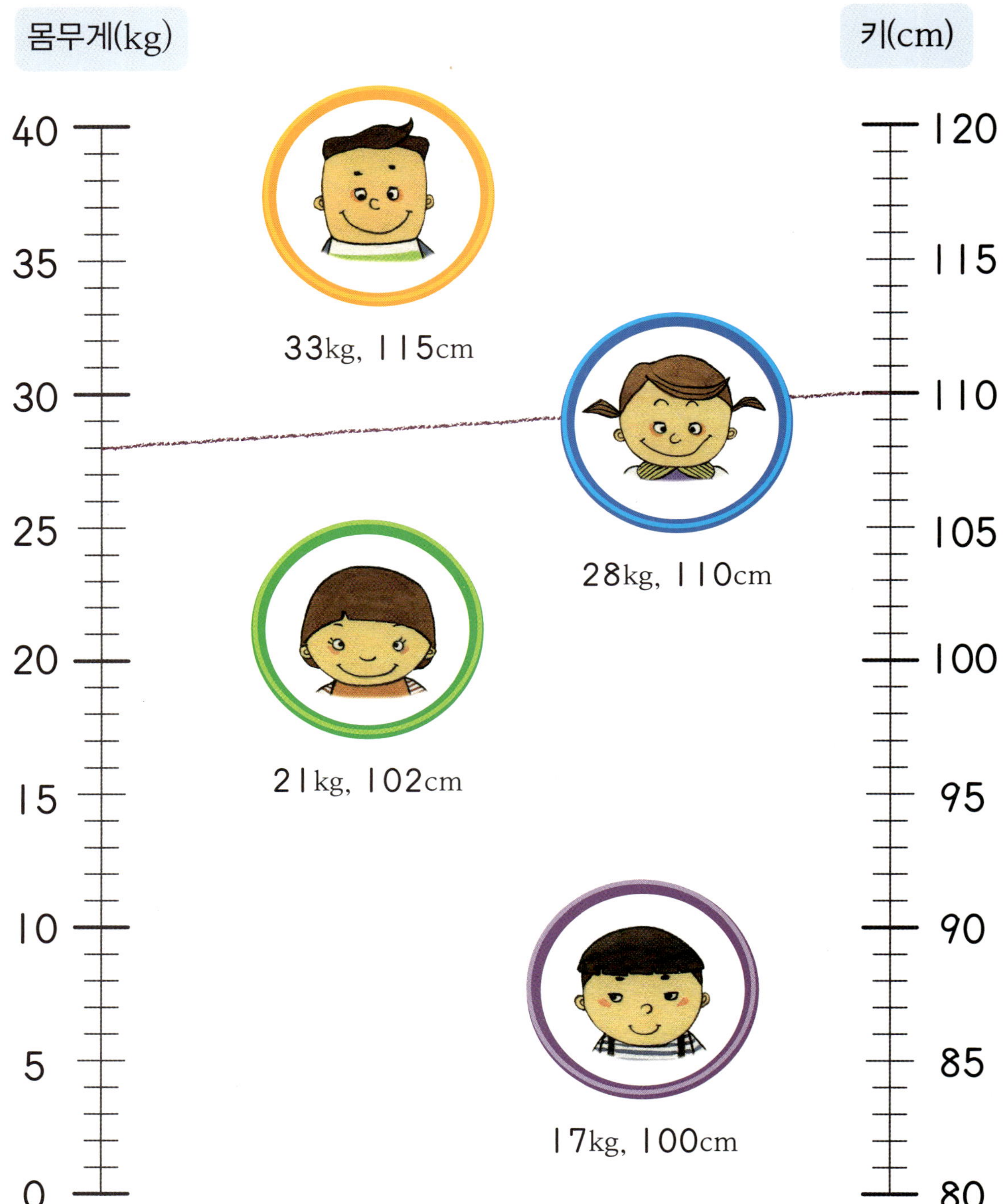

[몸무게]

4 친구들이 말하는 숫자를 빈칸에 넣어 나오는 수가 친구들의 몸무게라고 합니다. 수의 크기 비교를 보고 알맞은 친구를 모두 찾아 ○표 하시오.

Tip

1□에서 □ 안에 5를 넣으면 15, 6을 넣으면 16입니다.

지식 백과 키와 몸무게는 왜 잴까?

병원에서는 진료 전에 키와 몸무게를 재어 또래에 맞게 성장하고 있는지, 비만은 아닌지를 확인합니다. 또, 키와 몸무게에 맞게 약물을 투여하고, 약을 처방해 줍니다.

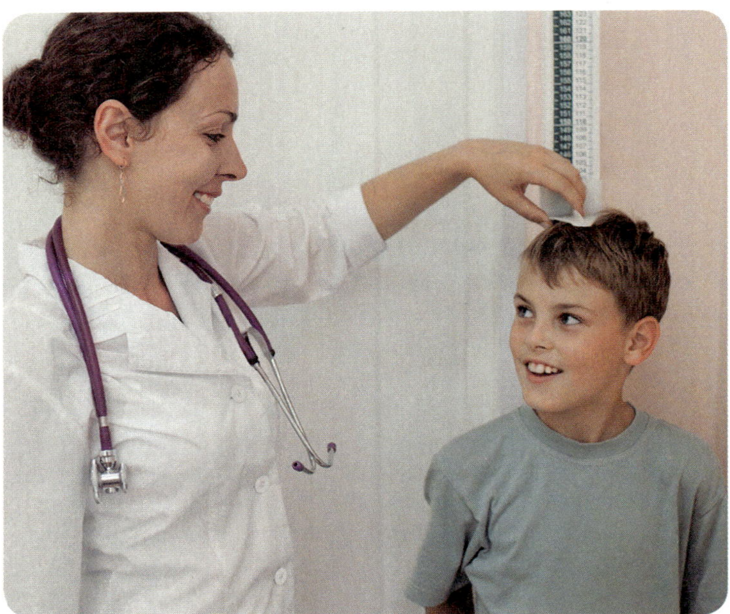

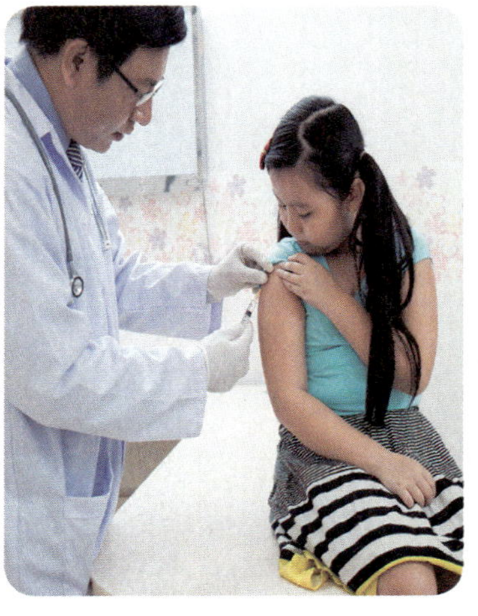

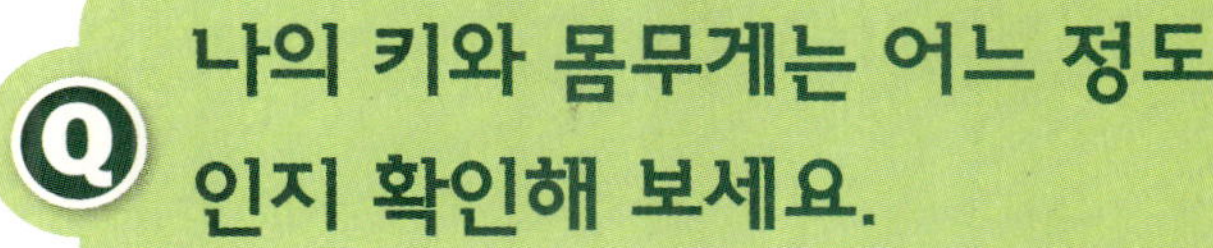

Q 나의 키와 몸무게는 어느 정도인지 확인해 보세요.

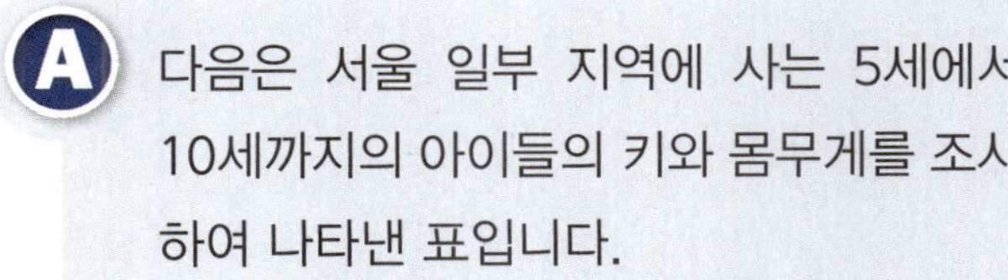

A 다음은 서울 일부 지역에 사는 5세에서 10세까지의 아이들의 키와 몸무게를 조사하여 나타낸 표입니다.

나이	여자아이		남자아이	
	키(cm)	몸무게(kg)	키(cm)	몸무게(kg)
5세	110	19	112	20
6세	116	21	118	22
7세	122	24	124	25
8세	126	27	130	28
9세	133	30	135	31
10세	140	35	140	36

아이들은 생활환경, 운동, 식습관에 따라 성장 속도가 달라지기 때문에 또래 아이들의 키와 몸무게가 모두 같은 것은 아닙니다.

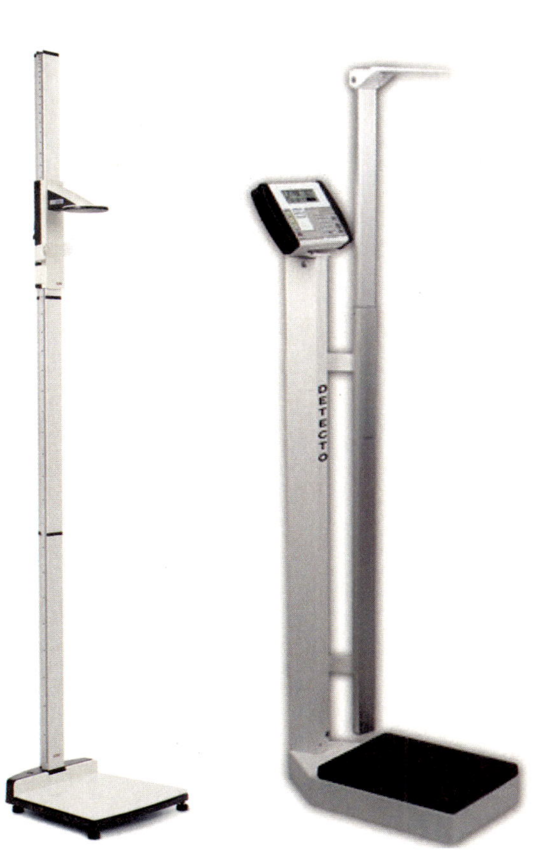

실생활 II

1

생각 열기 쿠폰 바꾸기
개념 알기 1 쿠폰을 모아요
개념 알기 2 둘이 합쳐 33
스토리텔링 창의수학
수학 게임 쿠폰 모으기

2

생각 열기 쿠폰 35장
개념 알기 3 몇십 빼기 몇십
개념 알기 4 작아지는 수
스토리텔링 창의수학
지식 백과 똑똑한 소비자

쿠폰

쿠폰을 모아 물건으로 바꿔요.

카페에 시원한 음료를 마시러 들어왔어요.

나는 우유, 엄마는 커피!
어라? 엄마가 돈 대신 종이를 내요.

부르릉, 차를 타고 가족 여행을 가요.

주유소에 들러서 기름을 넣는데
이번엔 아빠가 돈 대신 종이를 내요.

알고보니 그 종이는 바로 쿠폰이었어요.
열심히 모은 쿠폰을 구경하고 있는데
삼촌이 다가왔어요.
이건 **20개** 모으면
한 번 무료로 주는 쿠폰이네.
16개 찍었으니까 이제 몇 번 남았지?
쿠폰? 다 쓸데없는 거야. 장사하는 사람들이
돈을 많이 벌기 위해 생각한 **잔꾀야, 잔꾀**.
넘어가면 안 돼.

하지만, 저는 알아요.
어젯밤,
삼촌이 방에서 무엇을 보고 있었는지...

쿠폰 바꾸기

어느 중국집에서는 음식을 먹으면 쿠폰을 줍니다. 쿠폰을 여러 장 모으면 음식으로 바꾸어 먹을 수 있습니다.

10장 군만두

20장 볶음밥

30장 탕수육

50장 양장피

내가 모은 쿠폰 15장, 삼촌이 모은 쿠폰 20장을 더하면 35장입니다. 삼촌과 내가 모은 쿠폰으로 무엇을 먹을 수 있을지 이야기해 봅시다.

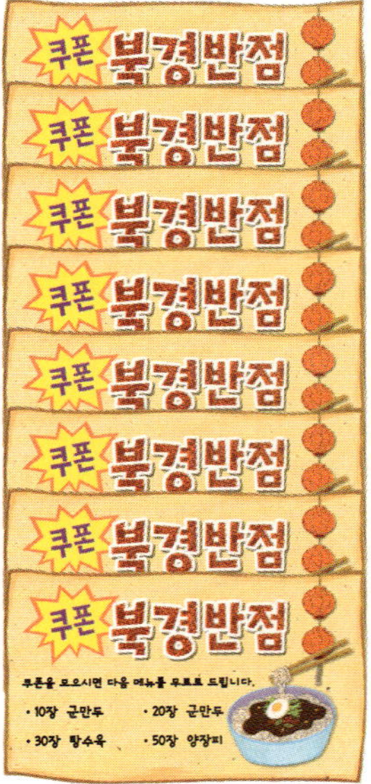

15장

20장

개념 알기 1 쿠폰을 모아요

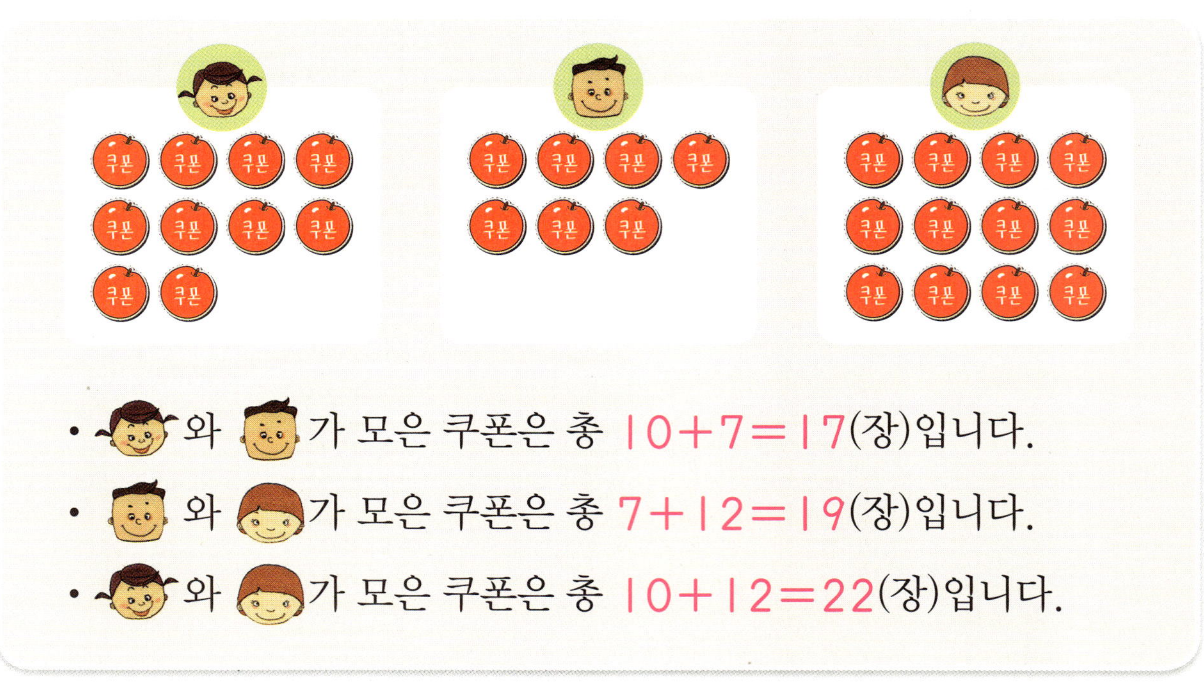

1 선으로 이은 두 가지 쿠폰은 모두 몇 개인지 덧셈식으로 나타내어 보시오.

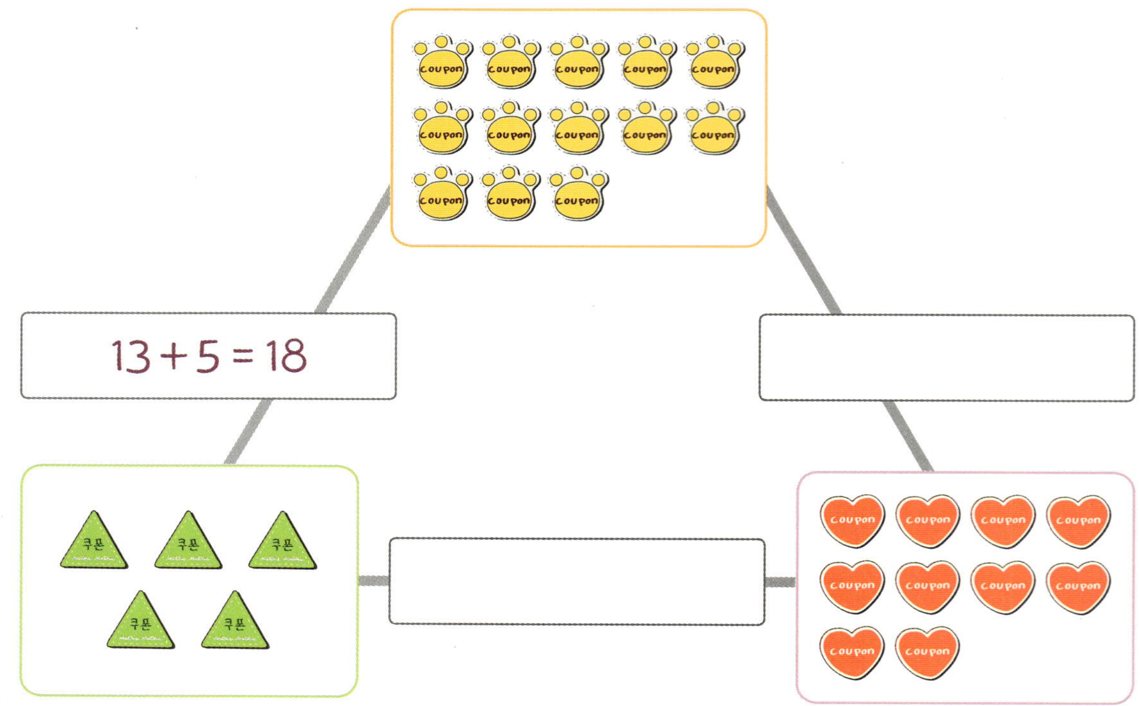

2 쿠폰의 수를 쓰고, 두 가지 쿠폰을 골라 덧셈식을 만들어 보시오.

6

12

10

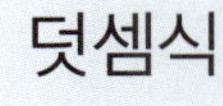

$6 + 12 = 18$

$12 + 10 = 22$

덧셈식

덧셈식

개념 알기 2　둘이 합쳐 33

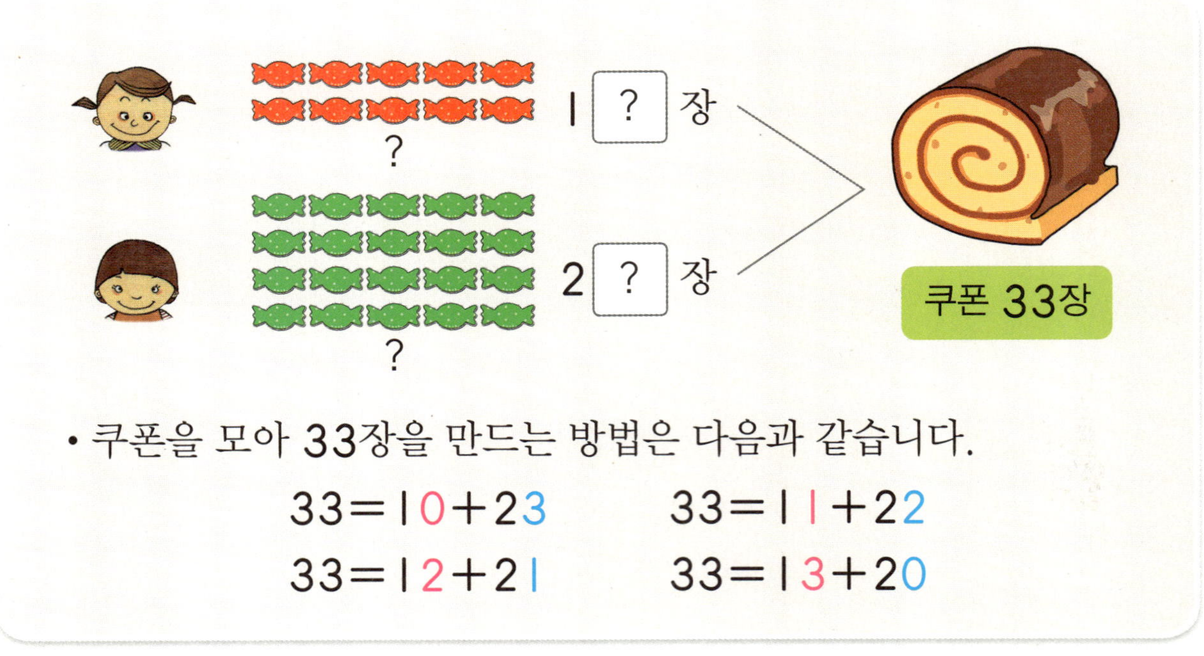

• 쿠폰을 모아 33장을 만드는 방법은 다음과 같습니다.

33=10+23　　33=11+22

33=12+21　　33=13+20

1 두 지갑의 동전을 더해 52원이 되도록 선으로 이어 보시오.

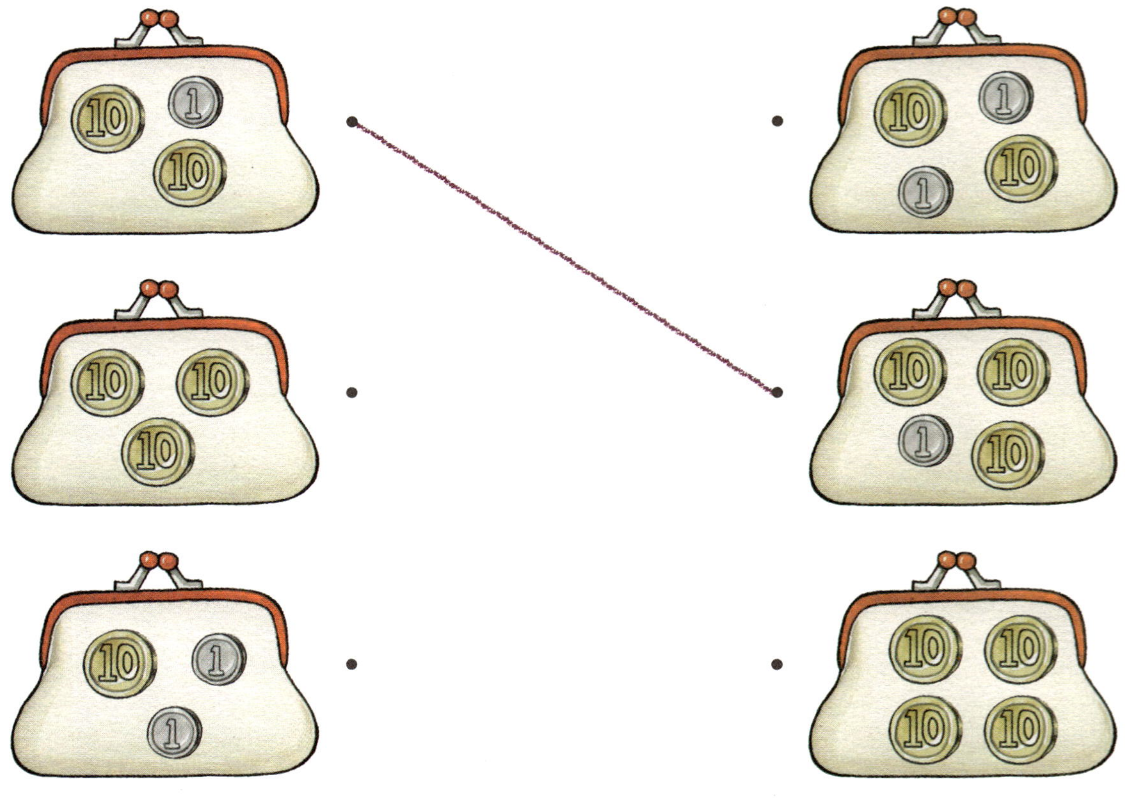

2 빨간색과 초록색 쿠폰을 더해 45가 되도록 선으로 이어 보시오.

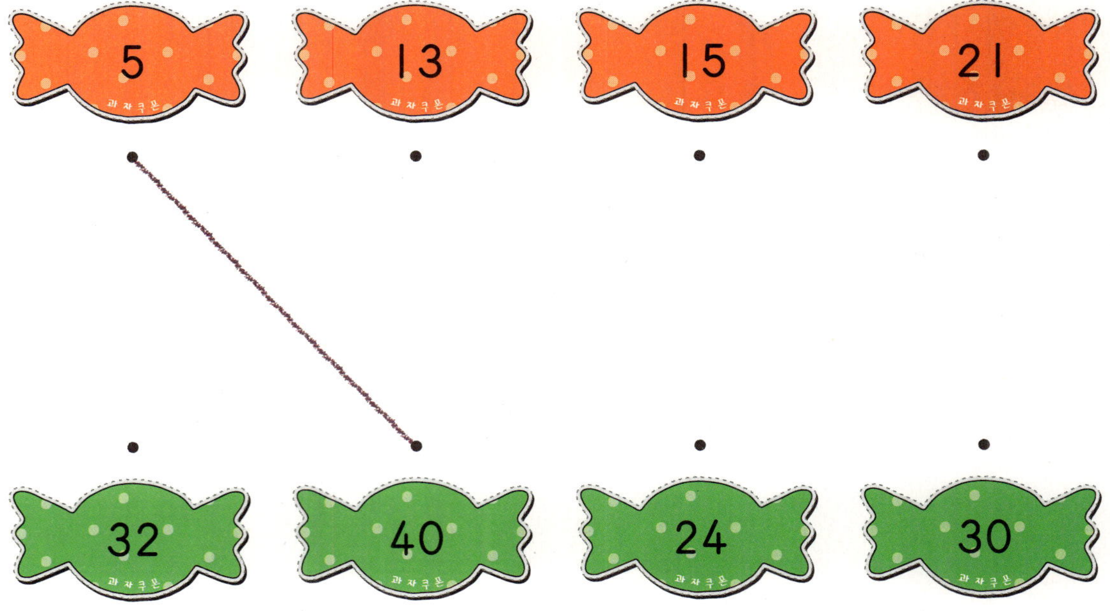

3 수를 만드는 데 필요하지 않은 풍선에 ×표 하시오.

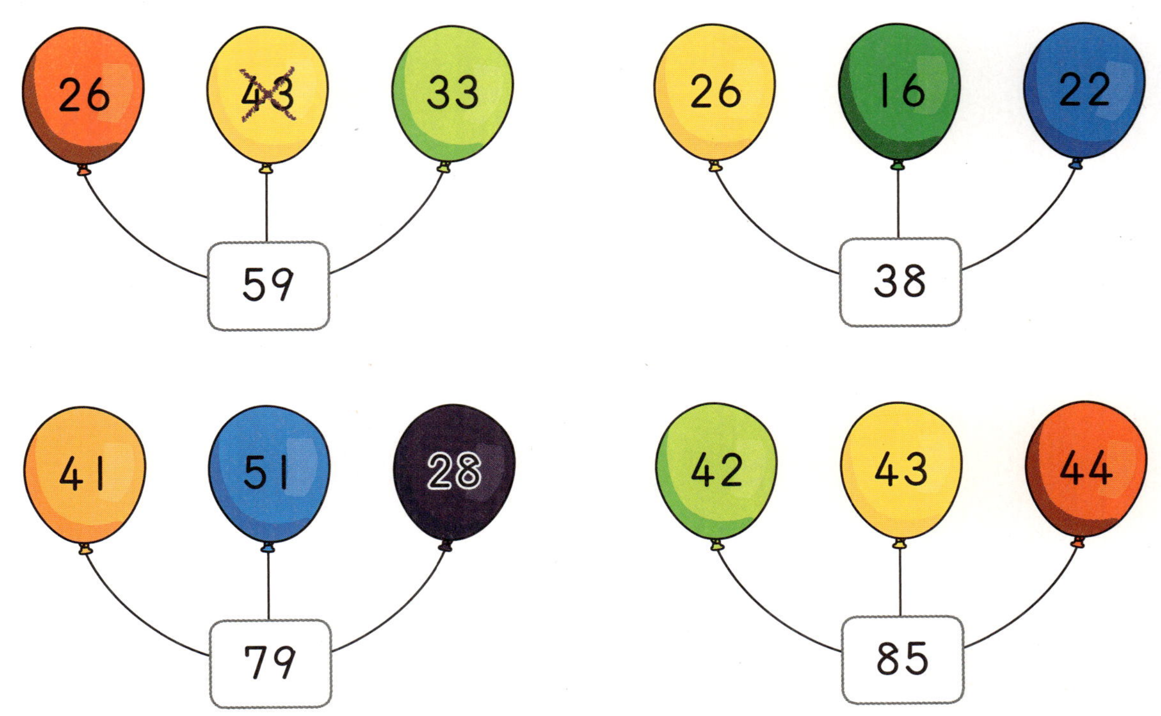

스토리텔링 창의수학

[칭찬 스티커]

1 미정이는 착한 일을 할 때마다 칭찬 스티커를 받습니다. 미정이가 쓴 일기에서 칭찬 스티커는 모두 몇 장인지 덧셈식으로 나타내고 답을 구하시오.

6월 12일 수요일

유치원과 집에서 정리 정돈을 잘 했어요.

식 $6+10=16$ 답 ______

6월 21일 금요일

할머니를 도와드리고, 동생이랑 놀아줬어요.

식 ______ 답 ______

[중국집 쿠폰]

2 어느 중국집에서는 쿠폰 색에 상관없이 음식으로 바꾸어 먹을 수 있습니다. 두 쿠폰을 더해 음식으로 바꾸어 먹을 수 있도록 빈칸에 필요한 쿠폰의 수를 써넣으시오.

찐만두 : 쿠폰 25장

10 + [15]

11 + [ ]

12 + [ ]

탕수육 : 쿠폰 29장

10 + [ ]

11 + [ ]

12 + [ ]

13 + [ ]

[행운권]

3 행운권의 빈칸을 동전으로 긁으면, 각각 왼쪽과 위쪽의 수를 더한 수가 나옵니다. 빈칸에 알맞은 수를 써넣고, 가장 많이 나온 수를 찾으시오.

행운권

+	5	6	7
10	15	16	17
11	16	17	18
12	17	18	19

가장 많이 나온 수 : 17

행운권

+	10	20	30
5			
15			
25			

가장 많이 나온 수 :

행운권

+	10	11	12
13			
14			
15			

가장 많이 나온 수 :

행운권

+	11	12	13
24			
25			
26			

가장 많이 나온 수 :

[칭찬 스티커 개수]

4 친구들이 어제와 오늘 착한 일을 하고 받은 칭찬 스티커의 개수를 식으로 나타내었습니다. 칭찬 스티커의 개수가 같은 친구끼리 선으로 이어 보시오.

Tip
덧셈식을 계산한 다음, 계산 결과가 같은 친구끼리 연결합니다.

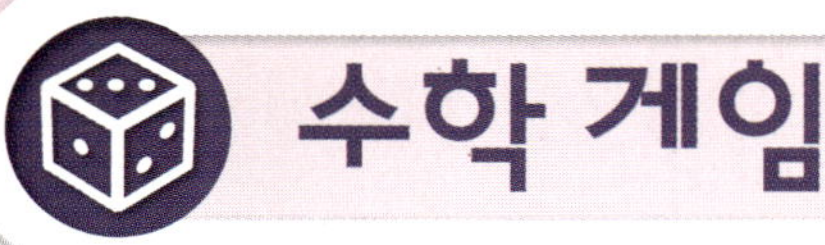

쿠폰 모으기

가위바위보를 해서 쿠폰을 많이 모으는 사람이 이기는 게임을 해 봅시다.

게임 방법

1 쿠폰을 한 곳에 모아 놓은 후, 가위바위보를 해서 이긴 사람만 규칙에 맞게 쿠폰을 가져옵니다.

❶ 가위로 이긴 경우 : 쿠폰 5장

❷ 바위로 이긴 경우 : 쿠폰 12장

❸ 보로 이긴 경우 : 쿠폰 20장

❹ 비긴 경우 : 두 사람 모두 쿠폰을 가져가지 않고, 기록지에 ×표 합니다.

❷ 가져온 쿠폰 개수를 기록지에 씁니다. 가위바위보를 5번 한 후, 기록지를 보고 쿠폰 개수를 구합니다. 개수가 더 많은 사람이 이깁니다.

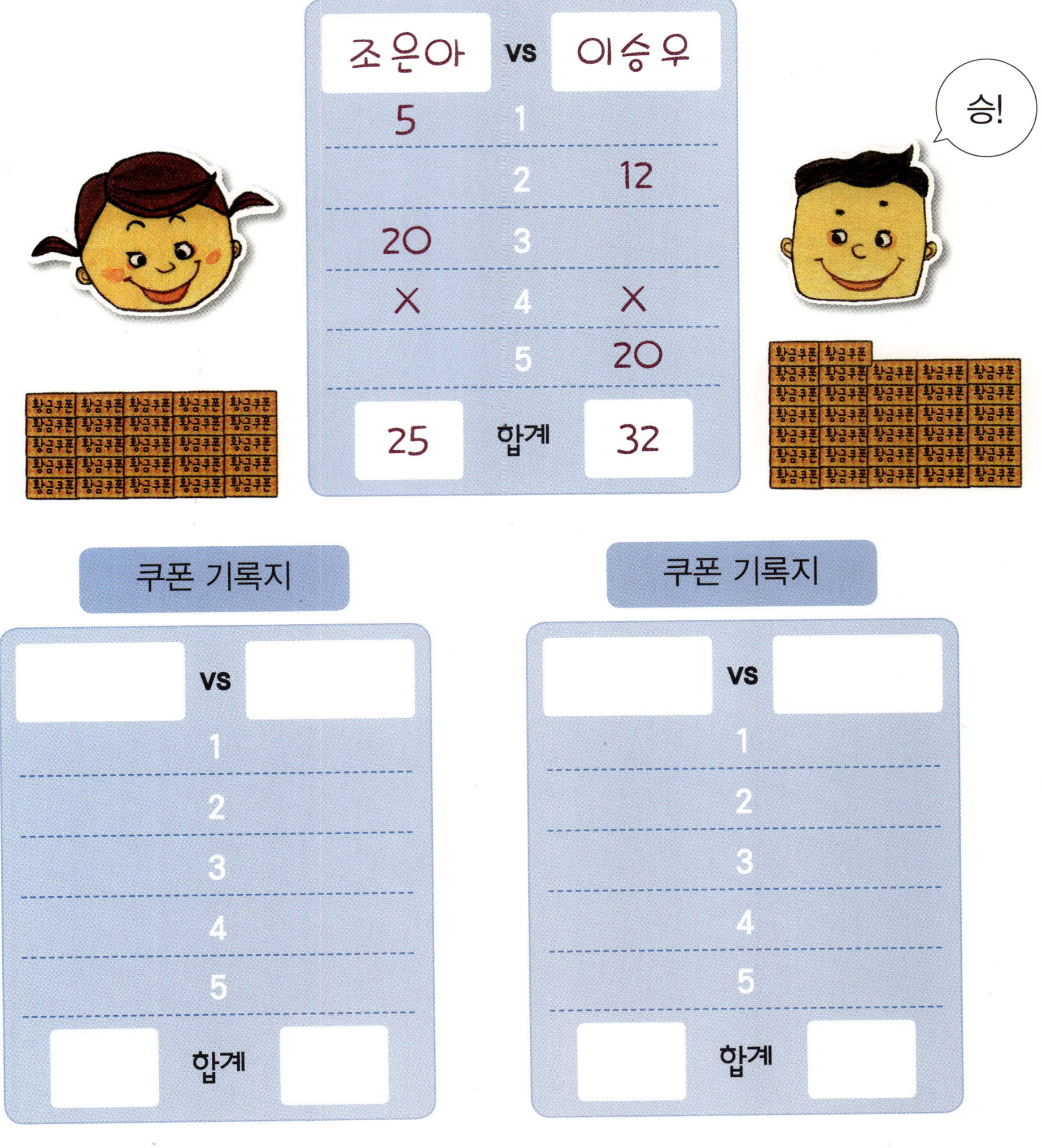

생각 열기 쿠폰 35장

주유소 쿠폰으로는 무료 세차나 무료 주유를 할 수 있습니다. 필요한 쿠폰 개수만큼 /표 하고, 빈칸에 알맞은 수를 써넣어 봅시다.

무료 세차를 하려면 쿠폰 [10]장이 필요합니다. 쿠폰 35장으로 무료 세차를 한 번 하면 쿠폰 [ ]장이 남습니다.

무료 주유를 하려면 쿠폰 [   ] 장이 필요합니다. 쿠폰 35장으로 무료 주유를 한 번 하면 쿠폰 [   ] 장이 남습니다.

개념 알기 3 몇십 빼기 몇십

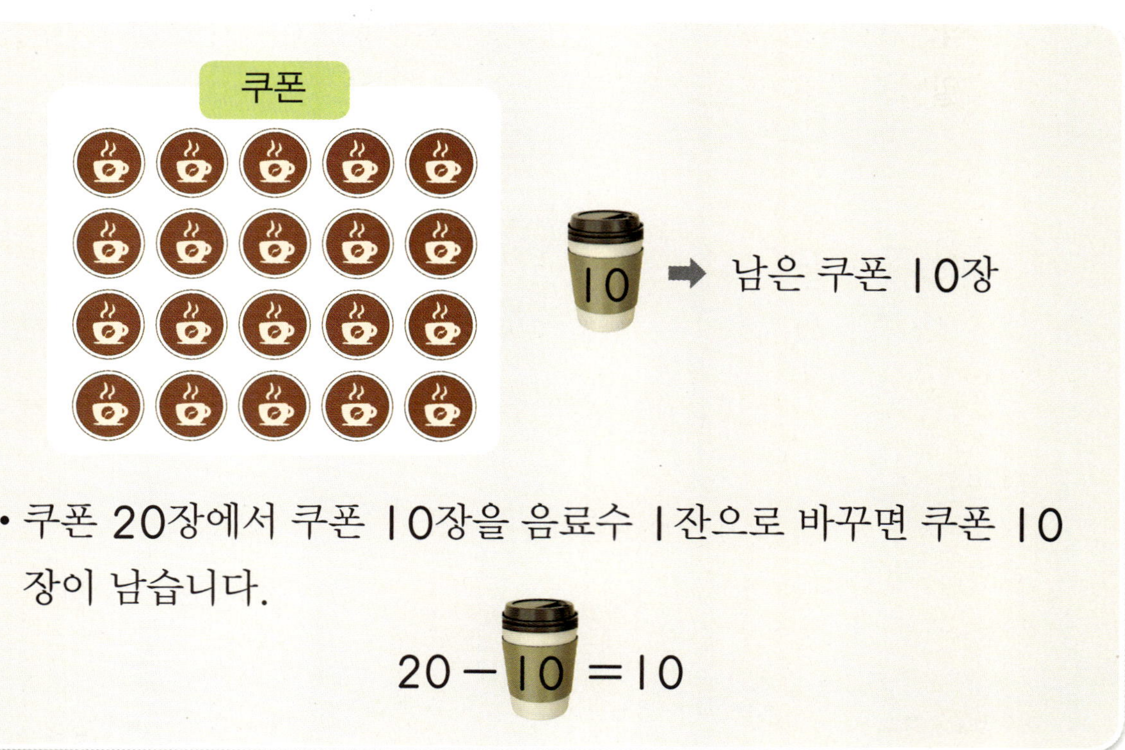

• 쿠폰 20장에서 쿠폰 10장을 음료수 1잔으로 바꾸면 쿠폰 10장이 남습니다.

20 − 10 = 10

1 컵에 적힌 수는 음료로 바꿀 때 필요한 도장의 개수입니다. 쿠폰 도장을 음료로 바꾸고 남은 도장의 개수를 빈칸에 써넣으시오.

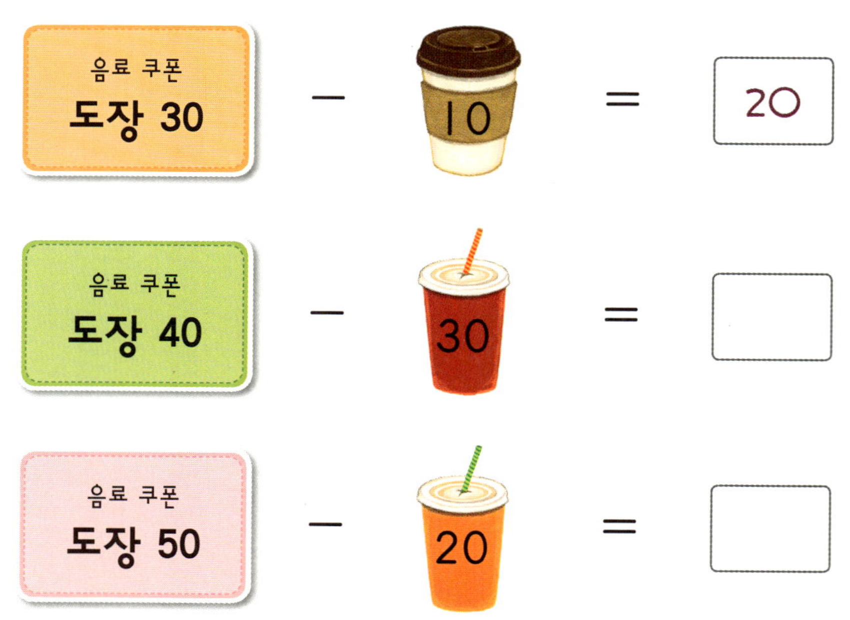

2 덧셈식을 보고 빵으로 바꿀 때 필요한 쿠폰의 개수를 구하려고 합니다. 빈 칸에 알맞은 수를 써넣으시오.

50 = (컵케이크) + 10 ➡ (컵케이크) = [50] − [10]

50 = (도넛) + 30 ➡ (도넛) = [ ] − [ ]

50 = (핫도그) + 20 ➡ (핫도그) = [ ] − [ ]

3 쿠폰의 수가 맞도록 알맞게 선으로 이으시오.

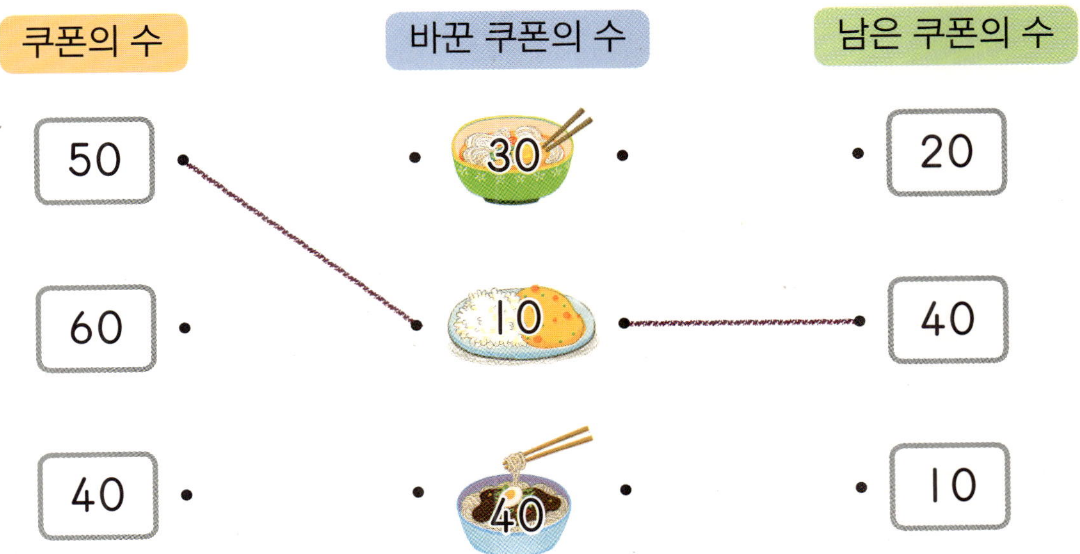

작아지는 수

77	78	79	80
87	88	89	90
97	98	99	100

(99 → 88: −11, 88 → 77: −11)

- 99에서 반복하여 11을 빼면 99에서 11씩 작아지는 수를 찾을 수 있습니다.
- 99보다 11 작은 수는 88, 88보다 11 작은 수는 77입니다.
- 99에서 11씩 빼면 88, 77, 66, 55, 44, 33이 됩니다.

1 59에서 11씩 작아지는 수에 ○표, 10씩 작아지는 수에 △표 하시오.

1	2	3	4	5	6	7	8	9	10
11	12	13	14	15	16	17	18	19	20
21	22	23	24	25	26	27	28	29	30
31	32	33	34	35	36	37	38	39	40
41	42	43	44	45	46	47	48	49	50
51	52	53	54	55	56	57	58	59	60

2 69주유소에서 기름을 넣고, 13씩 작아지는 주유소마다 들러 기름을 넣으려고 합니다. 알맞은 곳에 자동차를 붙여 보시오.

붙임 딱지 자동차

3 규칙에 맞게 빈칸에 알맞은 수를 써넣으시오.

78 67 56 [45] [ ] [ ]

스토리텔링 창의수학

[적립금]

1 어느 마트에서는 물건을 사면 물건 가격의 일부를 모아 물건으로 바꿀 수 있습니다. 이렇게 모은 금액을 적립금이라고 합니다. 물건으로 바꾸고 남은 적립금을 빈칸에 써넣으시오.

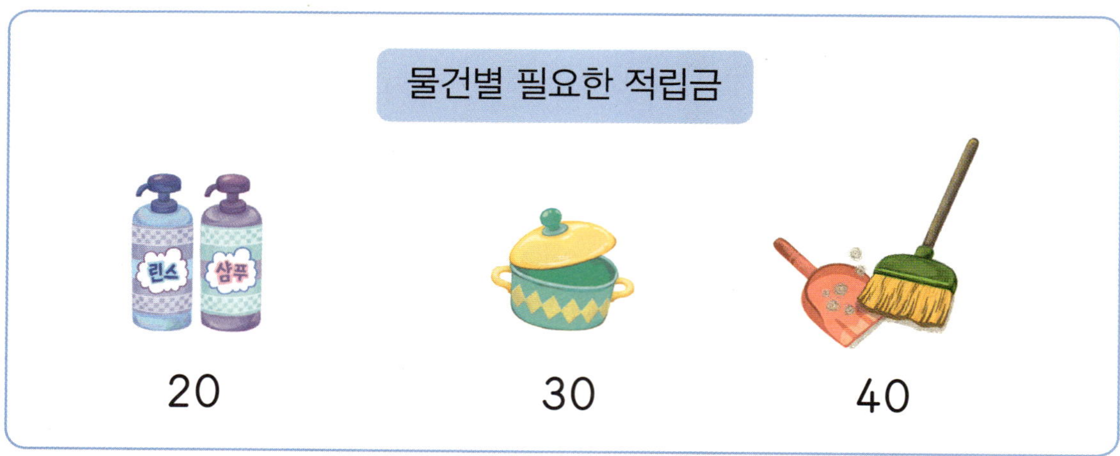

[쿠폰]

2 두 친구가 쿠폰에 찍힌 도장을 간식으로 바꾸어 먹었습니다. 친구들의 대화를 보고, 빈칸에 알맞은 수를 써넣으시오.

쿠폰에 도장이 40개 찍혀 있었어. 를 먹고, 도장이 10개 남았어.

나도 도장이 40개 찍혀 있었는데, 를 먹고 남은 도장이 20개야.

=40− 10

= 30

=40− □

= □

[작아지는 수]

3 주어진 수만큼 작아지도록 빈칸에 알맞은 수를 써넣으시오.

[당첨 행사]

4 어느 제과점에서 손님들에게 번호표를 주고 당첨 번호를 가진 손님에게 빵을 주는 행사를 하고 있습니다. 당첨된 번호에 빵을 알맞게 붙여 보시오.

붙임 딱지 빵

1	2	3	4	5	6	7	8	9	10
11	12	13	14	15	16	17	18	19	20
21	22	23	24	25	26	27	28	29	30
31	32	33	34	35	36	37	38	39	40
41	42	43	44	45	46	47	48	49	50
51	52	53	54	55	56	57	58	59	60
61	62	63	64	65	66	67	68	69	70
71	72	73	74	75	76		78	79	80
81	82	83	84	85	86	87	88	89	90
91	92	93	94	95	96		98		100

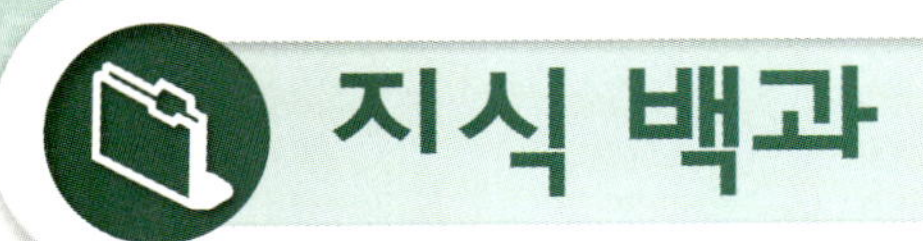

지식 백과

똑똑한 소비자

예전에는 우유가 200mL, 1000mL 단위였는데 요즘에는 180mL, 900mL 단위로 바뀌어 가격을 비교하기 어려워졌습니다. 그래서 나라에서는 '100mL 당 얼마'라고 표시하여 소비자들이 가격을 쉽게 비교할 수 있도록 하는 제도를 만들었습니다.

Q 어느 것이 가장 쌀까요?

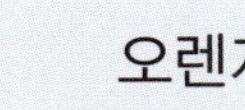

오렌지 주스(950mL)
2980원
100mL 가격 : 314원

오렌지 주스(1500mL)
2040원
100mL 가격 : 136원

오렌지 주스(1500mL)
3450원
100mL 가격 : 230원

오렌지 주스(1890mL)
7100원
100mL 가격 : 376원

유기농 우유

900mL 4500원

100mL 당 500원

1등급 우유

500mL 2000원

100mL 당 400원

친환경 우유

180mL 900원

100mL 당 500원

2040원짜리 오렌지 주스가 가장 쌉니다.

실생활 III

1

생각 열기 시계 박물관
개념 알기 1 몇 시, 몇 시 30분
개념 알기 2 몇 시간 후
스토리텔링 창의수학
수학 게임 나의 하루

2

생각 열기 시계의 긴바늘
개념 알기 3 몇 시 몇 분
개념 알기 4 몇 분 후
스토리텔링 창의수학
지식 백과 자연을 이용하여 만든 시계

시계

시계를 보고 몇 시 몇 분인지 알아보아요.

두근두근 오늘은
시계 박물관에 가는 날이에요.

부릉부릉, 차를 타고 출발합니다.

시계 박물관에 도착했어요.

벽시계, 자명종, 손목시계 등
다양한 시계가 오늘날은 물론,
옛날에 사용하던 모습으로 전시되어 있대요.

똑딱 똑딱, 똑딱 똑딱,
모양과 크기가 다른 시계들이
모두 같이 움직이고 있어요.
특이하게 생긴 이 시계는
옛날 우리나라 사람들이 사용하던 아주 오래된 시계예요.

시계를 구경하다 보니
시간이 금방 가는 것 같아요.

저기 멀리에서
엄마가 시계를 가리키셨어요.
이제 집에 갈 시간인가 봐요.

집에 몇 시쯤
도착할까요?

생각 열기

시계 박물관

시계 박물관을 다녀오면서 하루 동안 본 시계입니다. 시계가 나타내는 시각을 디지털시계에 나타내어 봅시다.

12:00

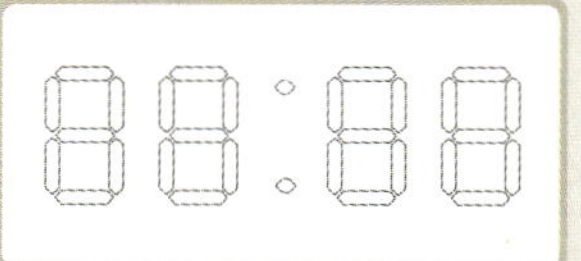

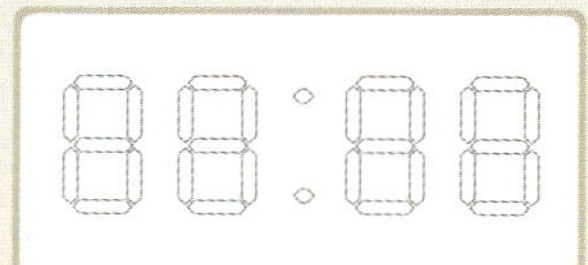

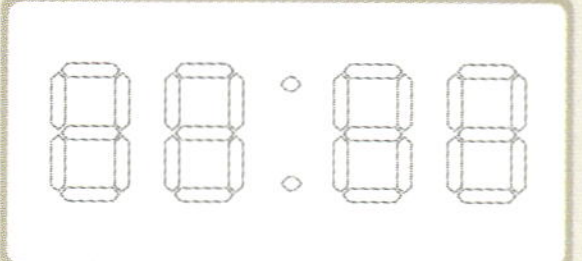

시계 박물관을 방문하기 위해 세운 계획표입니다. 계획표를 보고, 빈칸에 알맞은 수를 써 봅시다.

시각	계획
12시	시계 박물관으로 출발~!
2시	시계 박물관 도착
4시	신기한 시계 관람
5시 30분	박물관 관람 끝, 집으로 출발
7시 30분	집 도착!!

집에서 박물관까지 가는 데 걸리는 시간은 [2] 시간입니다.

박물관에서 집으로 오는 데 걸리는 시간도 [ ] 시간입니다.

실생활 III 시계에서 시계를 사용하는 문제에서는 준비물 시계 를 이용하세요.

몇 시, 몇 시 30분

• 긴바늘이 12를 가리킬 때는 몇 시를 나타냅니다.

• 짧은바늘이 7, 긴바늘이 12를 가리킬 때는 7시입니다.

• 긴바늘이 6을 가리킬 때는 몇 시 30분을 나타냅니다.

• 짧은바늘이 7과 8 사이, 긴바늘이 6을 가리킬 때는 7시 30분입니다.

1 몇 시 또는 몇 시 몇 분인지 쓰시오.

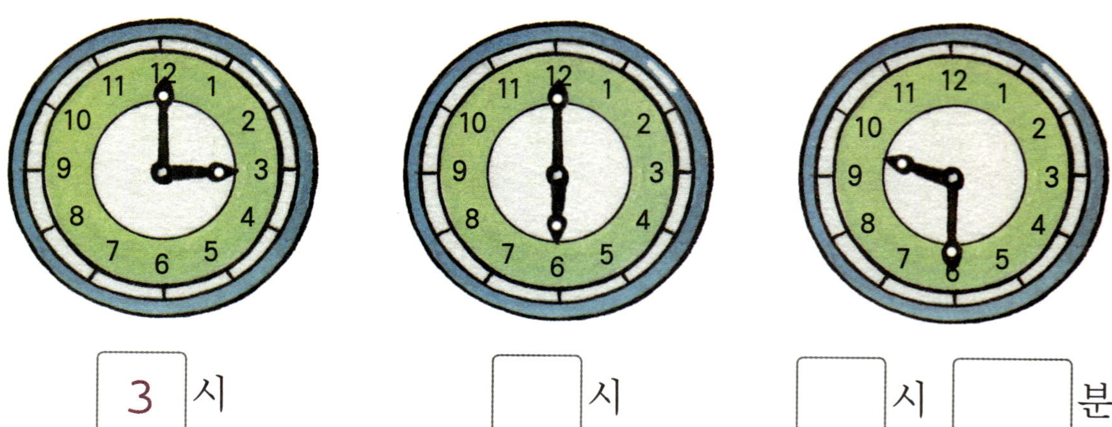

3 시　　　　□ 시　　　　□ 시 □ 분

2 하루 일과를 보고 시계에 바르게 나타내 보시오.

7시 잠에서 깨어나요.

9시 동생이랑 놀아요.

12시 30분 점심을 먹어요.

2시 30분 태권도를 배워요.

개념 알기 2 몇 시간 후

6시간 후

- 짧은바늘이 1칸을 움직이면 1시간 후입니다.
- 4에서 10까지 짧은바늘이 6칸 움직였습니다.
- 4시에서 10시까지 6시간 걸렸습니다.
- 10시는 4시의 6시간 후입니다.

1 시계를 보고, 빈칸에 알맞은 수를 써넣으시오.

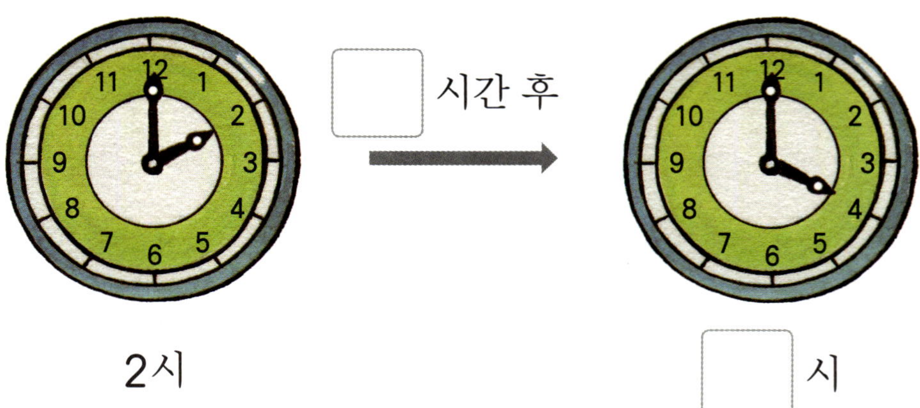

2 디지털시계의 시각을 보고, 3시간 후의 시계를 찾아 선으로 이어 보시오.

3 공부가 끝나는 시각을 시계에 나타내시오.

스토리텔링 창의수학

[여러 가지 시계]

1 서로 관계있는 것끼리 선으로 이어 보시오.

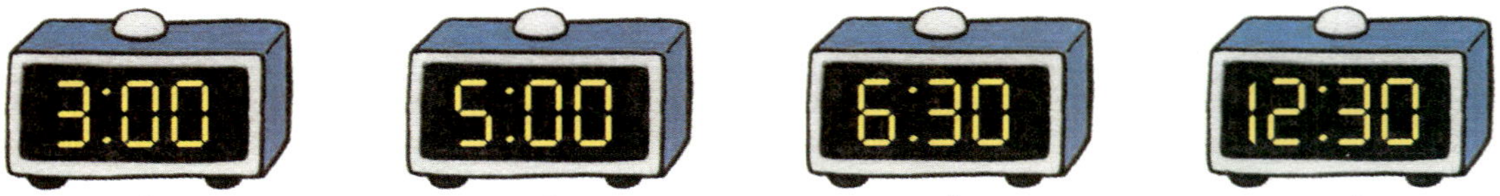

3:00 · 5:00 · 6:30 · 12:30

6시 30분	12시 30분	3시	5시

[도착 시각]

2 서울에서 기차를 타고 부산에 가려고 합니다. 기차가 각각의 역에 도착한 시각을 시계에 나타내고 빈칸에 알맞은 수를 써넣으시오.

서울에서 부산까지 총 ☐ 시간 걸렸습니다.

[외출 시각]

3 아침에 가족들이 외출을 한 시각입니다. 빈칸에 알맞게 쓰고, 일찍 외출한 사람부터 순서대로 붙여 보시오.

붙임 딱지 가족

❶ 가 외출하고 ☐ 시간 후에 가 외출했습니다.

❷ 가 외출하고 ☐ 시간 후에 가 외출했습니다.

❸ 우리 가족이 외출한 순서는 다음과 같습니다.

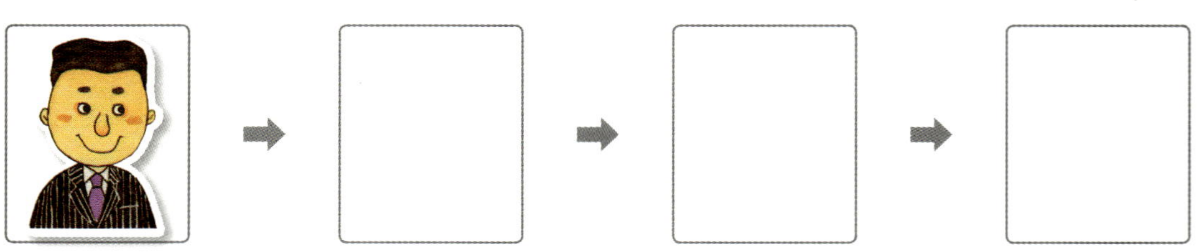

[긴바늘]

4 시계의 긴바늘이 부러졌습니다. 짧은바늘을 보고, 긴바늘을 알맞게 그려 보시오.

나의 하루

나의 하루를 소개하는 활동을 해 봅시다.

만드는 방법

1 카드를 고르고 그림에 맞게 시각을 정하여 카드 뒤쪽의 빈칸을 채웁니다. 시각에 맞게 상황을 넣어 이야기해 봅니다.

7시 30분에 아침을 먹어요.
오늘 아침 메뉴는 카레예요.

2 자신이 정한 시각을 시계에 나타냅니다.

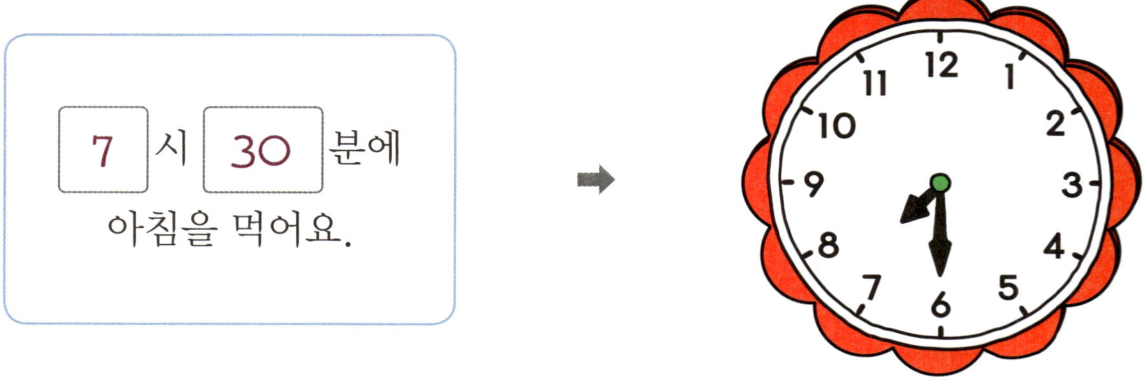

이곳에 카드를 올려놓으세요.

이곳에 카드를 올려놓으세요.

이곳에 카드를 올려놓으세요.

이곳에 카드를 올려놓으세요.

생각 열기　시계의 긴바늘

시계의 긴바늘이 규칙에 따라 움직이고 있습니다. 빈칸에 알맞은 수를 써넣고, 알아낸 사실을 이야기해 봅시다.

 시

3시 5분

3시 10분

3시 15분

☐ 시 ☐ 분

3시 25분

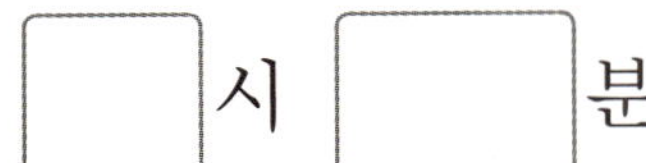

3시 35분

3시 40분

3시 45분

3시 50분

개념 알기 3 몇 시 몇 분

10시 20분

10시 25분

10시 30분

- 긴바늘이 가리키는 1칸은 5분을 나타냅니다.
- 긴바늘이 한 바퀴 도는 데 걸리는 시간은 1시간이고, 1시간은 60분입니다.

1 시계를 보고, 빈칸에 알맞은 수를 써넣으시오.

짧은바늘은 숫자 [3] 과 [4] 사이에 있고, 긴바늘은 숫자 [ ]를 가리킵니다. 시계가 나타내는 시각은 [ ]시 [ ]분입니다.

2 서로 관계있는 것끼리 선으로 이어 보시오.

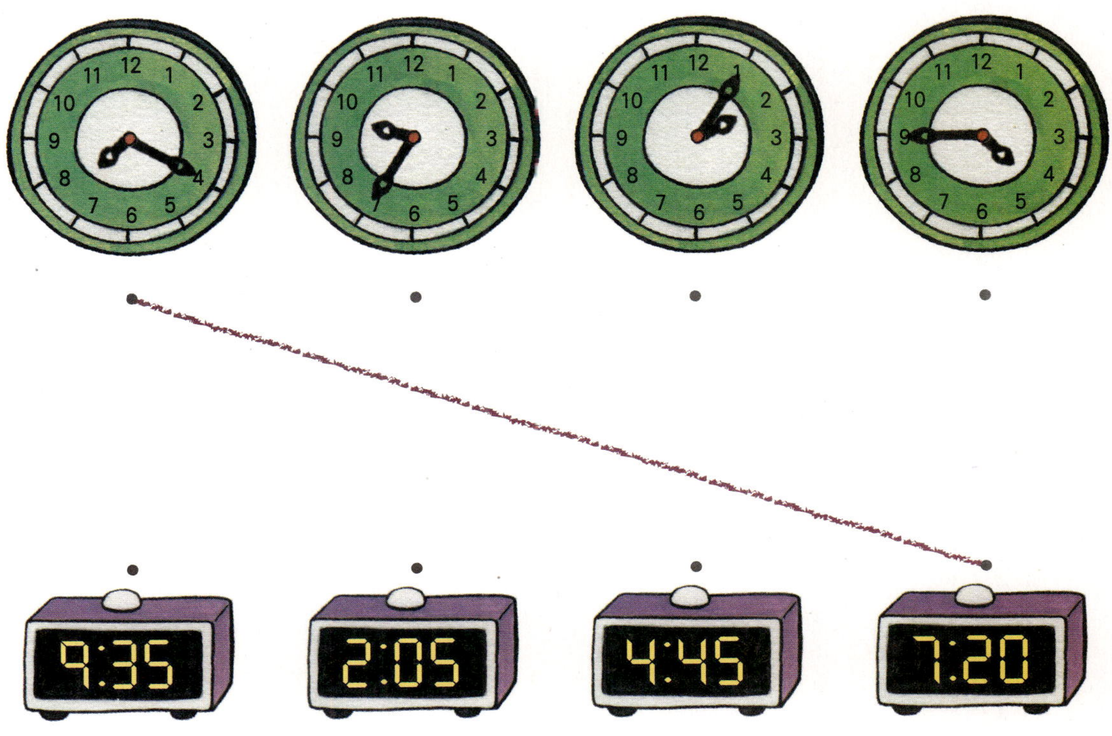

3 시각을 보고 긴바늘을 시계에 나타내시오.

12시 15분

3시 45분

개념 알기 4 몇 분 후

• 긴바늘이 숫자 1칸을 움직이면 5분 후입니다.

• 3에서 10까지 긴바늘이 7칸 움직였습니다.

➡ 15분에서 50분까지 35분 걸렸습니다.

➡ 50분은 15분의 35분 후입니다.

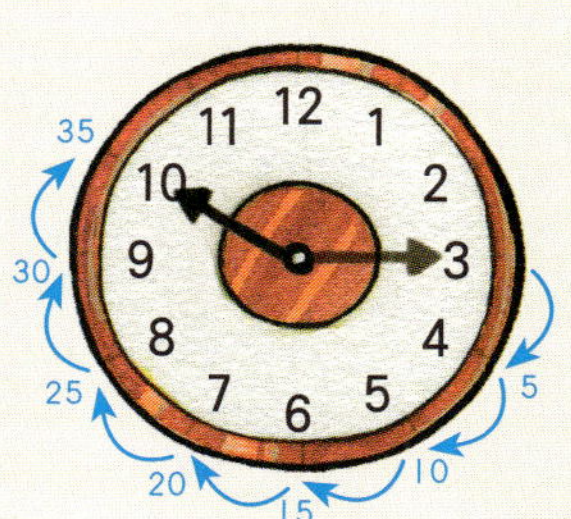

1 시계를 보고, 빈칸에 알맞은 수를 써넣으시오.

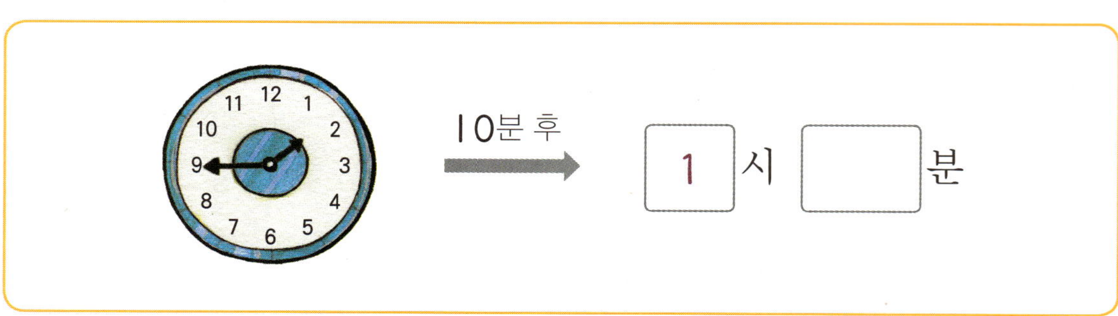

25분 후 ☐ 시 ☐ 분

2 혜인이는 태권도와 피아노 학원을 다닙니다. 시계를 보고 수업의 시작 시각과 마치는 시각을 쓰고, 수업 시간을 구하시오.

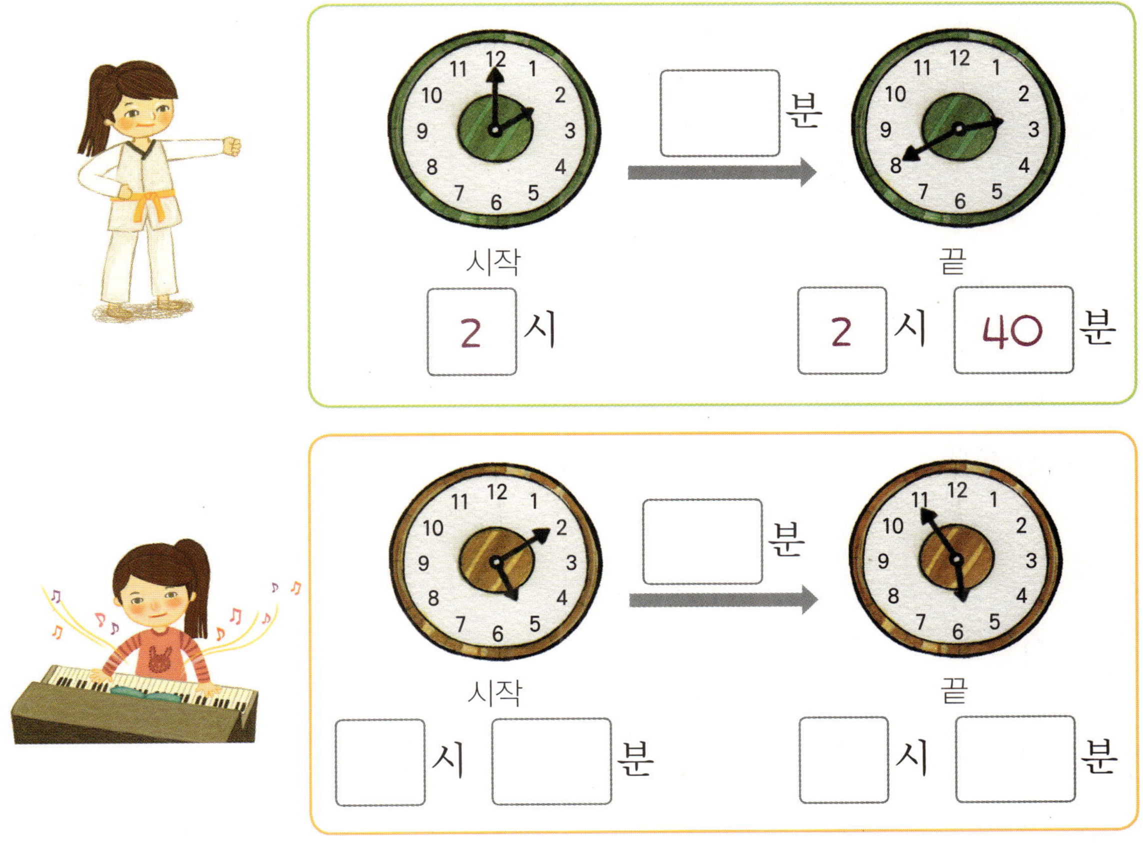

3 두 친구는 30분 동안 책을 읽었습니다. 책을 읽기 시작한 시각을 보고 끝난 시각을 시계에 나타내시오.

스토리텔링 창의수학

[같은 시각]

1 같은 시각을 나타내는 시계에 ○표 하시오.

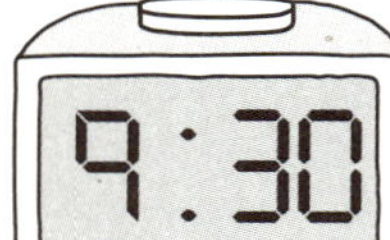

2:10

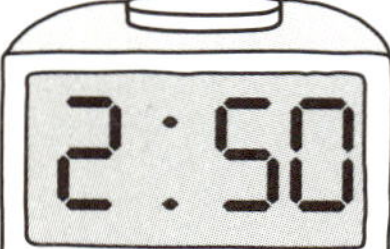

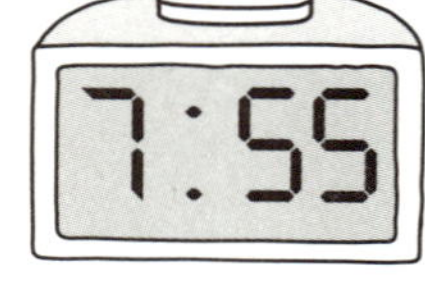

[영화]

2 영화 포스터를 보고 영화가 시작하는 시각과 끝나는 시각을 시계에 나타내려고 합니다. 긴바늘을 그려 시계를 완성하고, 영화 상영 시간을 구하시오.

[시계 박물관]

3 시계 박물관에서 큰 시계, 손목시계, 전자시계의 차례로 구경하였습니다. 여러 가지 사진을 보고, 빈칸에 알맞은 수를 써넣으시오.

큰 시계 관람 시작 1:05

손목시계 관람 시작 1:25

전자시계 관람 시작 1:40

박물관 관람이 끝나고 1:55

큰 시계 관람 시간	손목시계 관람 시간	전자시계 관람 시간
➡ 20 분	➡ ☐ 분	➡ ☐ 분

Tip

큰 시계 관람 (1시 5분) → 손목시계 관람 (1시 25분) → 전자시계 관람 (1시 40분) → 관람 끝 (1시 55분)

[놀이터]

4 세 친구가 놀이터에서 만나기로 했습니다. 출발한 시각과 가는 데 걸리는 시간을 보고, 각각 도착하는 시각을 찾아 선으로 이어 보시오.

지식 백과

자연을 이용하여 만든 시계

다음은 해, 물, 모래 등을 이용하여 시각을 알 수 있도록 만든 시계입니다.

해시계
인간이 만든 가장 오래된 시계로, 그림자 길이로 시각을 알 수 있습니다.

물시계
일정하게 흐르는 물이 일정량 모이면 쇠구슬이 굴러가 종을 치도록 하여 정해진 시각을 소리로 알 수 있습니다.

Q 시계가 없던 옛날에는 어떻게 시각을 알았을까요?

A 옛날 사람들은 낮에는 해를 보고, 밤에는 달과 별자리를 보며 시각을 측정했습니다. 특히, 해가 움직이면서 변하는 그림자의 위치와 길이로 시각을 알 수 있었습니다.

모래시계
유리관의 좁은 통로로 모래를 흐르게 하여 모래가 모두 떨어졌을 때, 그만큼의 시간이 지났음을 알 수 있습니다.

실생활 IV

1

생각 열기 자기소개서
개념 알기 1 우리 가족 나이
개념 알기 2 □년 후의 나이
스토리텔링 창의수학
수학 게임 그해 나이

2

생각 열기 가족 소개
개념 알기 3 나이로 만든 덧셈식과 뺄셈식
개념 알기 4 합과 차로 두 수 찾기
스토리텔링 창의수학
지식 백과 나이 알아보기

나이

우리 가족의 나이를 알아보아요.

얼마 전, 할아버지께서
이야기를 들려주셨어요.

할아버지가 태어난 1945년에
우리나라가 **광복**을 하였단다.

일본의 식민통치에서 벗어나 독립을 찾음

일본의 지배에서 벗어난
역사적인 사건이야.

대한 독립 만세!!

그런데 몇 년 후
할아버지가 네 나이쯤 되었을 때,
북한과 전쟁이 일어났단다.

부모님 손을 꼭 붙잡고 피난을 다녔지.
정말 힘든 하루하루를 보냈지.

할아버지가 20대 때에는
부정선거를 일삼는 독재 정권에
반대하는 **혁명**이 일어났단다.
혁명: 기존의 제도, 방식을 단번에 없애고 새로운 것을 세우는 일
정말 많은 사람이 희생되었지.

부정선거 물러가라!
독재 타도!!
자유정의 진리!

내가 50대였던 2000년,
이산가족들이 **상봉**을 하였단다.
이산가족: 전쟁으로 인하여 서로 만날 수 없는 가족
상봉: 서로 만남
6.25전쟁으로 헤어진 가족들이
만난 기쁜 날이었어.

어머니~!

옆에서 듣고 있던 아빠도
이야기를 들려주셨어요.

아빠가 13살 때,
서울에서 **올림픽**이 열렸단다.
올림픽: 4년마다 열리는 국제 스포츠 대회

곧 있을 평창 동계올림픽은
한국에서 열리는
두 번째 올림픽이야.

아빠가 20대 때는 우리나라가
크게 위기를 맞은 적이 있단다.

하지만 국민이 모두 힘을 합쳐
금도 모으고, **아나바다 운동**도
하면서 힘든 시기를 이겨냈지.
아나바다: '아껴쓰고, 나눠쓰고, 바꿔쓰고, 다시 쓰자.'의 줄임말

27살이었나?

2002년 **월드컵**을 응원하던 때가.

월드컵: 4년마다 열리는 국제 축구 대회

이날은 대한민국 사람들
모두가 잊지 못하는 날일 거야.

대~한민국!!

짝 짝 짝 짝 짝!

Fighting

Be The Reds!

그로부터 몇 년 후,
아빠의 기억에서
잊을 수 없는 날이 생겼지.

그 날은 바로
네가 태어난 날이란다.

자기소개서

자기소개서는 나를 소개하는 글입니다. 빈칸에 알맞은 수를 써넣어 나를 소개해 봅시다.

나는 ☐ 년
☐ 월 ☐ 일에
태어났어요.

나는 지금 ☐ 살이고,
내년에는 ☐ 살이 돼요.

나는 [ ] 살에
수학 공부를 시작했어요.

나는
1부터 [ ] 까지의 수를
셀 수 있어요.

우리 가족 나이

• 우리 가족 중에서 아빠의 나이가 가장 많습니다.

• 나는 형과 3살 차이이고, 동생과 5살 차이입니다.

1 **빈칸에 알맞은 말이나 수를 써넣으시오.**

지은 6세

언니 12세

• 언니는 지은이보다 ☐살 더 많습니다.

• 언니와 지은이의 나이를 더하면 ☐살입니다.

2 빈 곳에 알맞은 사람을 붙여 보시오.

붙임 딱지 가족

9세

13세

24세

-  의 나이가 가장 많습니다.
-  는 ☐ 보다 4살 더 많습니다.
- ☐ 는 ☐ 보다 15살 더 많습니다.

3 동생과 형의 나이를 각각 구하시오.

나는 7살이야.
동생은 나보다 1살이 어려.
형은 동생보다 5살이 더 많단다.

동생 : ☐ 살

형 : ☐ 살

□년 후의 나이

- 7살인 어린이는 5년 후 12살이 됩니다.
- 10살인 어린이는 5년 후 15살이 됩니다.
- 5년 후에도 두 어린이의 나이 차이는 변하지 않습니다.

지금 : 10−7=3(살 차이), 5년 후 : 15−12=3(살 차이)

1 5년 후와 10년 후의 나이를 빈칸에 써넣으시오.

2 빈칸에 알맞은 수를 써넣으시오.

3 현재 삼촌의 나이를 구하시오.

- 나는 8살입니다.
- 20년 후의 내 나이는 현재 삼촌의 나이와 같습니다.

살

삼촌

스토리텔링 창의수학

[나이 덧셈 뺄셈표]

1 얼굴과 나이를 보고, 가족들의 나이를 더하거나 빼서 표를 완성하시오.

+	7	10
38	45	48
40	47	

−	7	10
38	31	28
40	33	

+	7	10
27		
34		

−	7	10
27		
34		

Tip

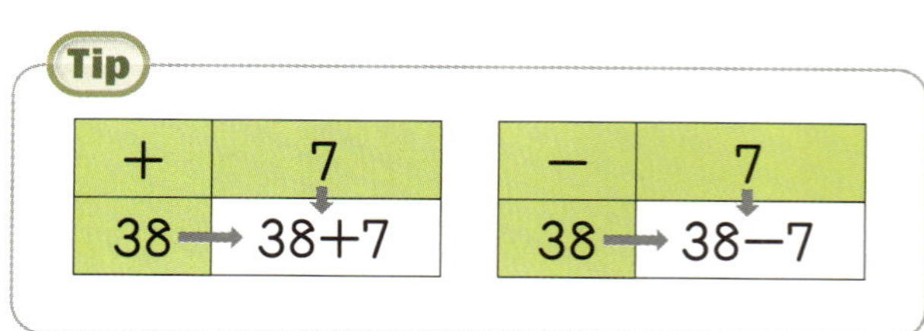

+	7
38 →	38+7

−	7
38 →	38−7

[나이띠]

2 나이만큼 칸을 색칠하여 나타내는 나이띠입니다. 빈칸에 알맞은 수나 말을 써넣으시오.

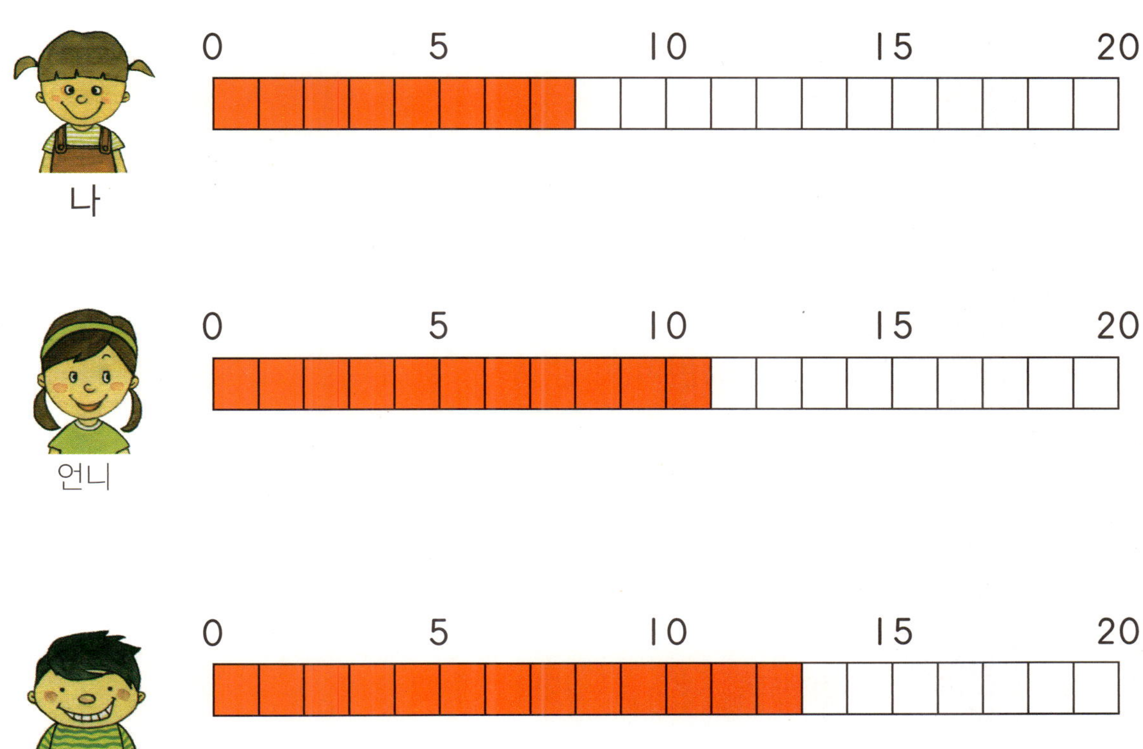

- 나는 8 살, 언니는 ☐ 살, 오빠는 ☐ 살입니다.

  ☐ 의 나이가 가장 많습니다.

- 오빠는 언니보다 ☐ 살 더 많고, 나보다 ☐ 살 더 많습니다.

- 언니와 오빠의 나이를 더하면 ☐ 살입니다.

[가족의 나이]

3 가족 사진을 보고, 가족들의 나이를 구하여 빈칸에 써넣으시오.

나는 7살이고, 오빠는 나보다 6살 더 많아요.

삼촌은 오빠보다 15살 더 많아요.

이모는 나보다 20살 더 많아요.

삼촌은 이모보다 1살 더 많아요. 삼촌의 나이가 가장 많아요.

오빠 : ☐ 살 삼촌 : ☐ 살 이모 : ☐ 살

[나이 차이]

4 올해 나는 9살, 언니는 14살입니다. 빈칸에 알맞은 수를 쓰고, 알맞은 말에 ○표 하시오.

- 올해 언니와 나의 나이 차이는 ☐ 살입니다.
- 3년 후에 언니와 나는 ☐ 살 차이가 납니다.
- 언니와 나의 나이 차이는 10년 후에 (변합니다 , 변하지 않습니다).

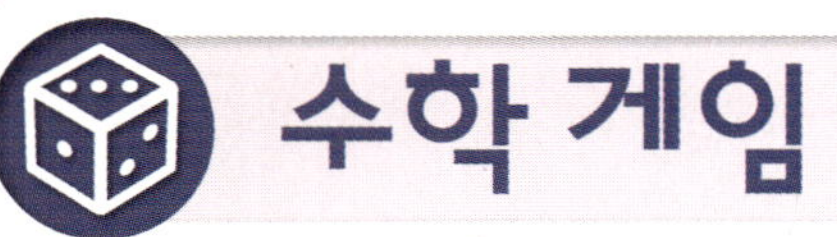

그해 나이

해를 나타내는 단어를 문장에 넣고, 알맞은 나이를 구해 봅시다.

게임 방법

1. 해 카드 중 한 장을 뽑아 활동판에 올립니다. 카드에 적힌 단어를 넣어 문장을 읽고, 빈칸에 알맞은 나이를 씁니다.

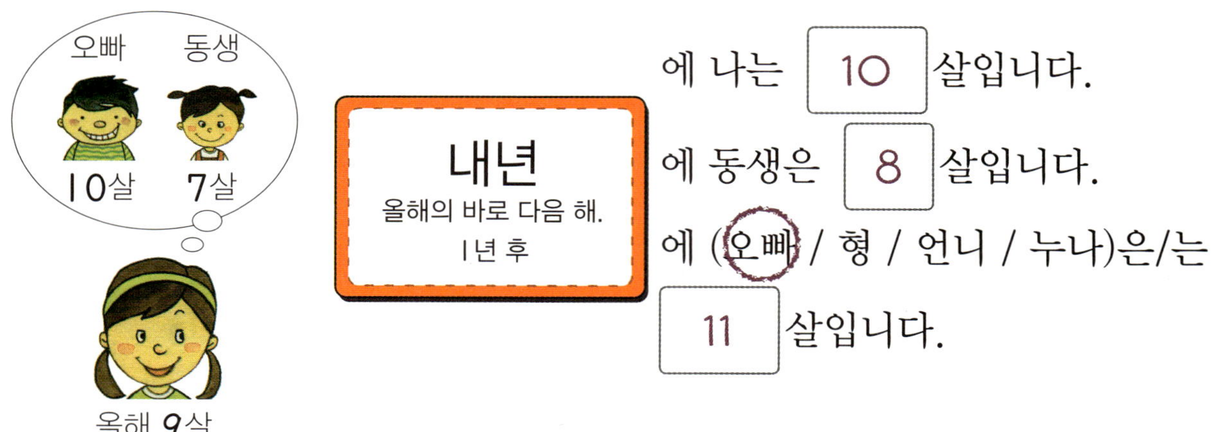

2. 남은 카드 중 한 장을 뽑아 두 번째 칸에 올립니다. 카드에 적힌 단어를 넣어 문장을 읽고, 빈칸에 알맞은 나이를 씁니다.

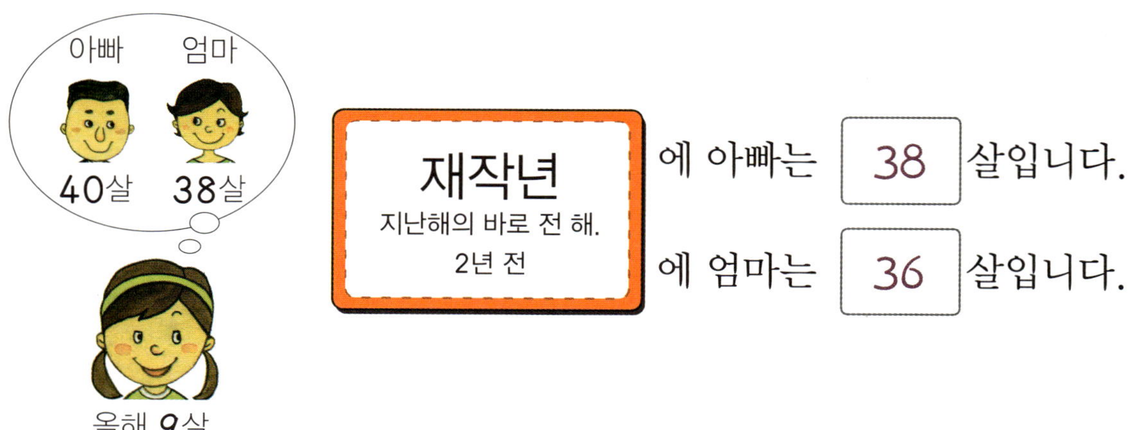

3. 마지막 칸에는 자신이 넣고 싶은 사람 이름을 쓰고, 카드를 뽑아 문장을 완성합니다.

이곳에 카드를 올려놓으세요.

에 나는 [ ] 살입니다.

에 동생은 [ ] 살입니다.

에 (오빠 / 형 / 언니 / 누나)은/는 [ ] 살입니다.

이곳에 카드를 올려놓으세요.

에 아빠는 [ ] 살입니다.

에 엄마는 [ ] 살입니다.

이곳에 카드를 올려놓으세요.

에 ________ 은/는 [ ] 살입니다.

에 ________ 은/는 [ ] 살입니다.

에 ________ 은/는 [ ] 살입니다.

가족 소개

현수는 가족들의 나이를 ●로 나타내고, 가족들의 나이로 덧셈식과 뺄셈식을 만들었습니다.

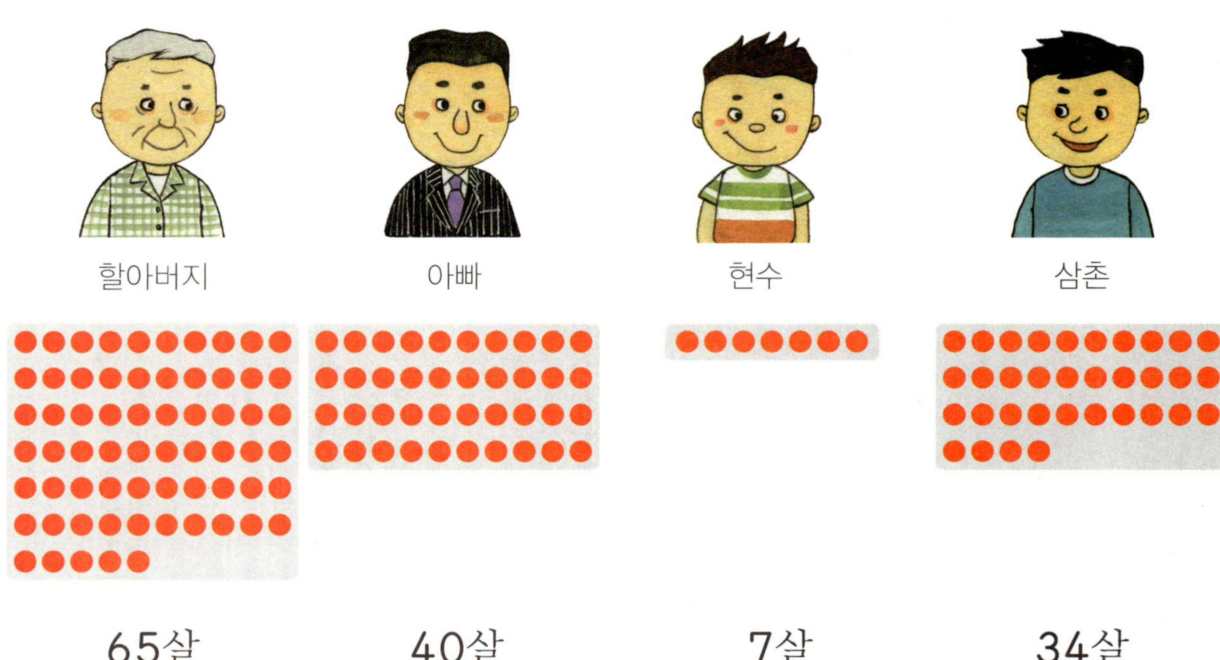

40+7=47	65+34=99	7+34=41
65−40=25	40−34=6	34−7=27

●를 세어 이모, 할머니, 누나, 엄마의 나이를 구하고, 나이가 나타내는 수로 덧셈식과 뺄셈식을 만들어 봅시다.

이모 / 할머니 / 누나 / 엄마

27 살 / 살 / 살 / 살

개념 알기 3 나이로 만든 덧셈식과 뺄셈식

- 나와 형 나이를 더하면 삼촌 나이가 됩니다. ➡ 7+10=17
- 나와 동생 나이를 더하면 형 나이가 됩니다. ➡ 7+3=10

1 세 사람의 나이로 덧셈식과 뺄셈식을 만들려고 합니다. 빈칸에 알맞은 수를 써넣으시오.

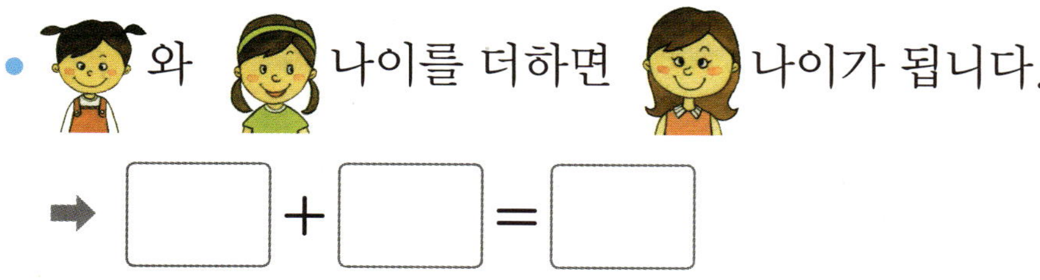

2 네 수 중 세 수를 골라 덧셈식과 뺄셈식을 만들어 보시오.

7	8	15	23

7 + 8 = 15 ____________ ____________

____________ ____________

8	11	19	27

____________ ____________

____________ ____________

3 세 사람의 나이를 사용하여 덧셈식과 뺄셈식을 만들어 보시오.

65살

40살

38살

27살

12살

덧셈식 : ____________

뺄셈식 : ____________

개념 알기 4 합과 차로 두 수 찾기

• 형 나이와 내 나이를 더하면 17살입니다.

• 형 나이에서 내 나이를 빼면 3살입니다.

• 형은 10살, 나는 7살입니다.

1 두 수의 합과 차를 보고 두 수를 찾아 ◯표 하시오.

합	차			
13	3	8	5	9
18	4	2	7	11
21	9	6	9	15

2 빈 곳에 나이에 알맞은 사람을 붙여 보시오. 붙임 딱지 얼굴

3 합과 차를 보고 두 수를 찾아 빈칸에 써넣으시오.

- 합이 18, 차가 6인 두 수는 [6]과 [12]입니다.
- 합이 20, 차가 12인 두 수는 ☐와 ☐입니다.
- 합이 24, 차가 8인 두 수는 ☐과 ☐입니다.

스토리텔링 창의수학

[가족들의 나이]

1 가족들의 나이로 식을 만들었습니다. 식의 계산 결과와 같은 나이의 가족을 선으로 이어 보시오.

식		가족
12+9 •		•  3살
12−9 •		•  9살
21−12 •		•  12살
9+3 •		•  21살

[나이로 만든 식]

2 세 사람의 나이로 덧셈식과 뺄셈식을 만들려고 합니다. 빈 곳에 알맞은 사람을 붙이고, 식으로 나타내어 보시오.

붙임 딱지 친구

□ − □ = □ ➡ ______

□ + □ = □ ➡ ______

□ + □ = □ ➡ ______

□ − □ = □ ➡ ______

[나이의 합과 차]

3 두 수의 합과 차를 알 때, 표를 만들어 두 수를 찾을 수 있습니다. 표를 완성하고 가족의 나이를 구하시오.

언니와 동생의 나이의 합은 19, 차는 7입니다.

언니	18	17	16	15					
동생	1	2	3						

언니 : ☐ 살 동생 : ☐ 살

삼촌과 오빠의 나이의 합은 29, 차는 11입니다.

삼촌	28	27	26						
오빠	1	2							

삼촌 : ☐ 살 오빠 : ☐ 살

[가려진 수]

4 민지는 두 수로 덧셈식과 뺄셈식을 만들었습니다. 그런데 동생이 붙임 딱지를 붙여 두 수가 어떤 수인지 알 수 없게 되었습니다. 붙임 딱지에 가려진 두 수를 구하시오. (단, 같은 붙임 딱지에 가려진 수는 같은 수입니다.)

=
=

Tip

+ =15, 합이 15인 두 수를 모두 찾은 다음, 그중 차가 9인 두 수를 찾습니다.

나이 알아보기

물고기 비늘, 나무의 단면에는 나이를 알 수 있는 둥근 테가 있습니다. 둥근 테의 개수를 세면 물고기와 나무의 나이를 알 수 있습니다.

나이가 더 많은 것은 어느 것일까요?

A

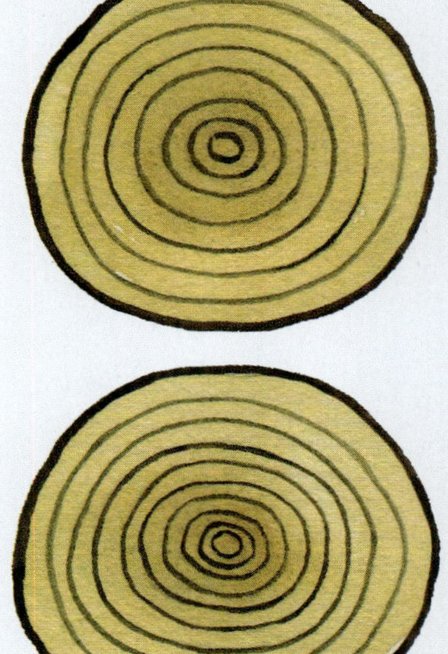

위에 있는 나무는 둥근 테가 7개이므로 7살, 아래에 있는 나무는 둥근 테가 9개이므로 9살입니다. 따라서 아래에 있는 나무의 나이가 더 많습니다.

물고기 비늘
여름에는 물고기 몸이 커지면서 비늘도 자라지만, 겨울에는 성장이 둔해져서 비늘이 자라지 않습니다. 그래서 1년이 지나면 비늘 표면에 둥근 테가 생깁니다. 둥근 테 하나가 한 살을 뜻합니다.

나무 나이테
봄과 여름에는 단면이 넓고 연한 색깔을 띠고, 겨울에는 얇고 진한 색깔을 나타냅니다. 그래서 1년이 지나면 테 하나가 생기는 것처럼 보입니다.

114~115쪽에 사용하세요.

재작년

지난해의 바로 전 해.
2년 전

작년

올해의 바로 앞의 해.
1년 전

올해

지금 지나가고 있는 이 해.
현재

내년

올해의 바로 다음 해.
1년 후

후년

올해의 다음다음 해.
2년 후

시 분에

친구와 놀아요.

시 분에

아침을 먹어요.

시 분에

운동을 해요.

시 분에

일어나요.

시 분에

피아노를 쳐요.

시 분에

점심을 먹어요.

시 분에

씻어요.

시 분에

자요.

84～85쪽에 사용하세요.

70~95쪽에 사용하세요.

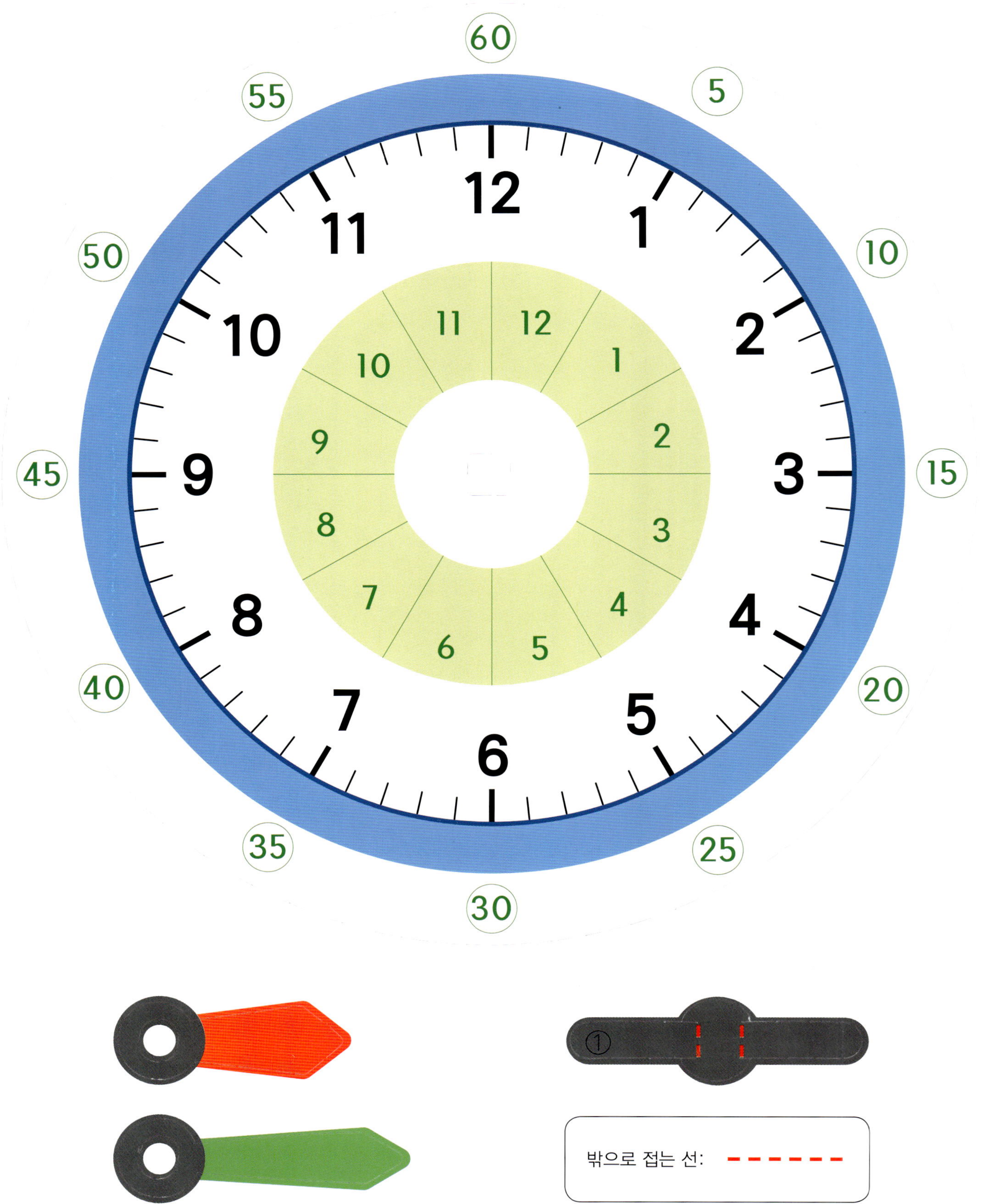

①

밖으로 접는 선:

• **사용 방법** : 두 시곗바늘을 시계판의 중앙에 놓고, ①번 모양을 접은 다음 구멍에 끼워 사용합니다.

54~55쪽에 사용하세요.

황금 쿠폰	황금 쿠폰	황금 쿠폰	황금 쿠폰	황금 쿠폰
황금 쿠폰	황금 쿠폰	황금 쿠폰	황금 쿠폰	황금 쿠폰
황금 쿠폰	황금 쿠폰	황금 쿠폰	황금 쿠폰	황금 쿠폰
황금 쿠폰	황금 쿠폰	황금 쿠폰	황금 쿠폰	황금 쿠폰
황금 쿠폰	황금 쿠폰	황금 쿠폰	황금 쿠폰	황금 쿠폰
황금 쿠폰	황금 쿠폰	황금 쿠폰	황금 쿠폰	황금 쿠폰
황금 쿠폰	황금 쿠폰	황금 쿠폰	황금 쿠폰	황금 쿠폰
황금 쿠폰	황금 쿠폰	황금 쿠폰	황금 쿠폰	황금 쿠폰
황금 쿠폰	황금 쿠폰	황금 쿠폰	황금 쿠폰	황금 쿠폰
황금 쿠폰	황금 쿠폰	황금 쿠폰	황금 쿠폰	황금 쿠폰

54~55쪽에 사용하세요.

황금쿠폰	황금쿠폰	황금쿠폰	황금쿠폰	황금쿠폰
황금쿠폰	황금쿠폰	황금쿠폰	황금쿠폰	황금쿠폰
황금쿠폰	황금쿠폰	황금쿠폰	황금쿠폰	황금쿠폰
황금쿠폰	황금쿠폰	황금쿠폰	황금쿠폰	황금쿠폰
황금쿠폰	황금쿠폰	황금쿠폰	황금쿠폰	황금쿠폰
황금쿠폰	황금쿠폰	황금쿠폰	황금쿠폰	황금쿠폰
황금쿠폰	황금쿠폰	황금쿠폰	황금쿠폰	황금쿠폰
황금쿠폰	황금쿠폰	황금쿠폰	황금쿠폰	황금쿠폰
황금쿠폰	황금쿠폰	황금쿠폰	황금쿠폰	황금쿠폰
황금쿠폰	황금쿠폰	황금쿠폰	황금쿠폰	황금쿠폰

24～25쪽에 사용하세요.

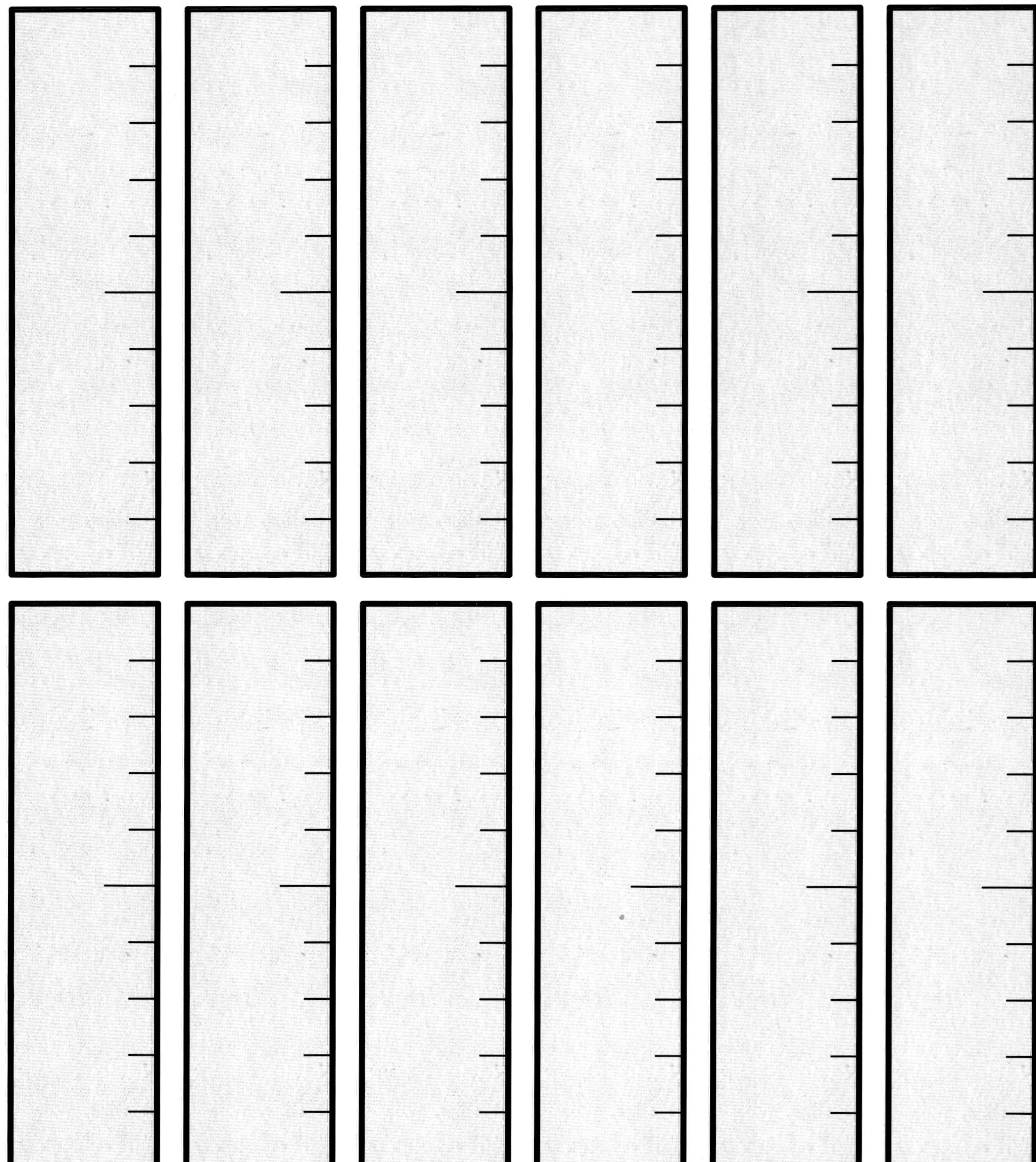

붙임 딱지 가족

107쪽에 사용하세요.

붙임 딱지 얼굴

121쪽에 사용하세요.

붙임 딱지 친구

123쪽에 사용하세요.

붙임 딱지 막대

17쪽에 사용하세요.

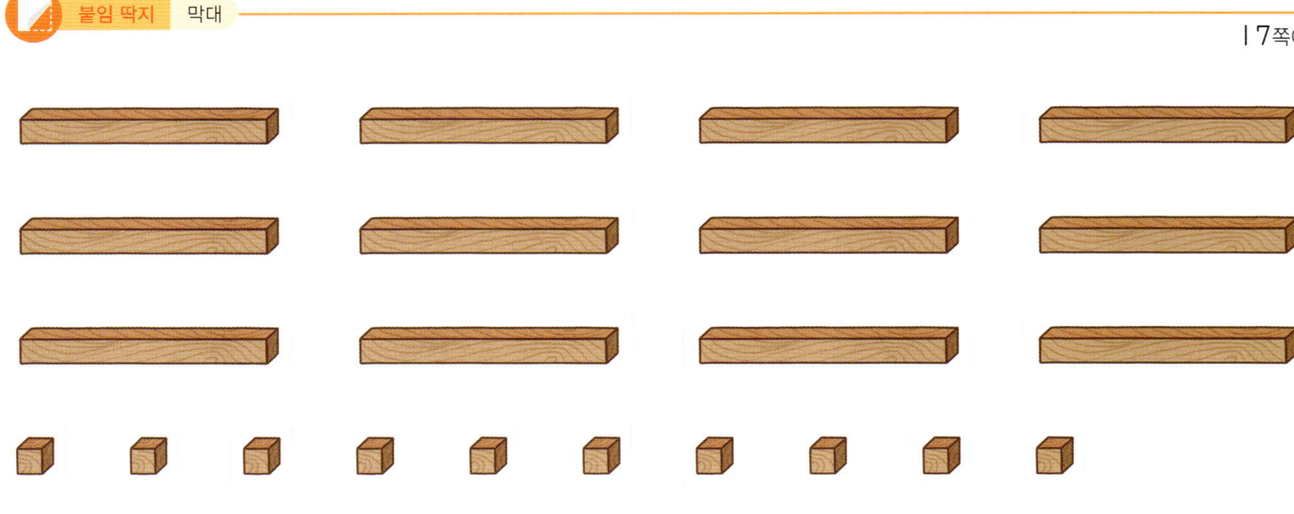

붙임 딱지 자동차

61쪽에 사용하세요.

붙임 딱지 빵

65쪽에 사용하세요.

붙임 딱지 가족

82쪽에 사용하세요.

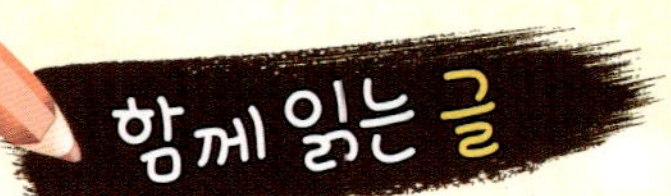

인생은 채워지는 것

인생은 흘러가는 것이 아니라 채워지는 것이다.
하루하루를 그냥 보내는 것이 아니라
내가 가진 무엇으로 채워가는 것이다.

존 러스킨 (John Ruskin)

내 삶의 주인공은 나입니다. 오늘 하루를 무엇으로 어떻게 채워 나갈지는 바로 나에게 달려 있으니까요.
매 순간을 작지만 소중한 무언가로 알차게 채워갈 수 있도록 노력하다 보면,
어느 새 삶은 행복과 만족으로 가득 찰 것입니다.

창의력
수학
노크
B 단계

우리 아이의 수학적 잠재력을 깨워주는

창의력 수학 노크

Knock! Knock!

학부모 가이드

실생활로
배우는 수학

천재교육

학부모 가이드

우리 아이의
수학적 잠재력을 깨워주는 창의력 수학

노크

B4

I 키와 몸무게

단원소개

실생활에서 100까지의 수가 쓰이는 예를 통하여 수의 개념을 이해할 수 있습니다. 막대, 수 배열표, 수직선 등을 이용하여 100까지의 수를 읽고 쓸 수 있으며, 수의 크기를 비교할 수 있도록 구성하였습니다.

학습목표

1 10막대와 1막대를 이용하여 두 자리 수를 읽고 쓰게 합니다.
2 수 배열표를 이용하여 100까지의 수를 읽고 쓰게 합니다.
3 수직선 위의 수를 읽고, 수직선 위에 수를 나타낼 수 있게 합니다.
4 두 자리 수의 크기를 비교하여 >, <로 나타낼 수 있게 합니다.

스토리 동기유발

키와 몸무게를 재는 방법과 신장계와 체중계를 읽는 방법을 소개한 이야기입니다. 신장계와 체중계로 키와 몸무게를 재어 보게 하여 흥미를 유발합니다.

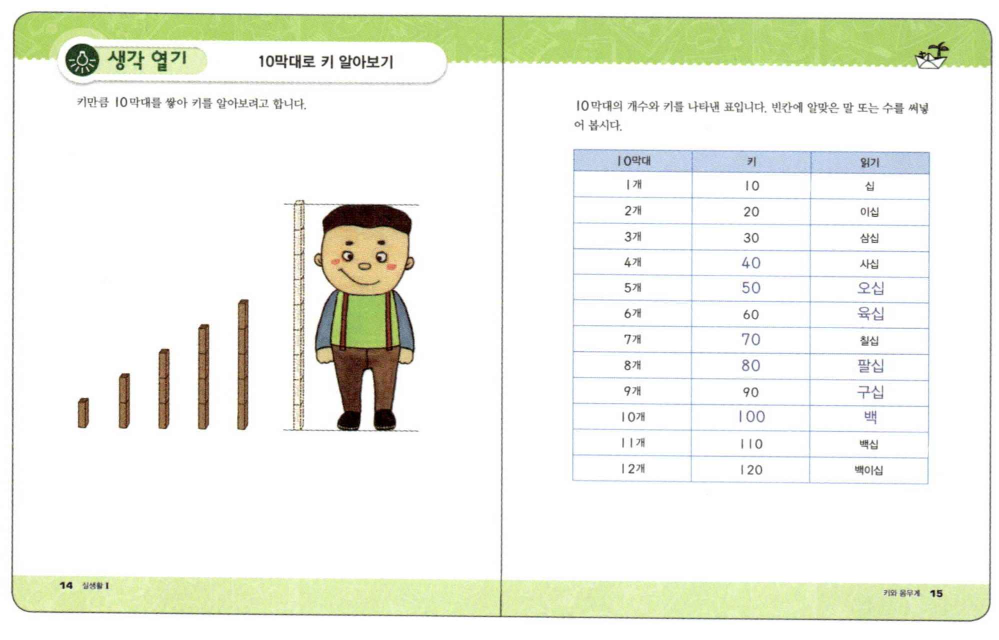

생각 열기 10막대로 키 알아보기

키만큼 10막대를 쌓아 키를 알아보려고 합니다.

10막대의 개수와 키를 나타낸 표입니다. 빈칸에 알맞은 말 또는 수를 써넣어 봅시다.

10막대	키	읽기
1개	10	십
2개	20	이십
3개	30	삼십
4개	40	사십
5개	50	오십
6개	60	육십
7개	70	칠십
8개	80	팔십
9개	90	구십
10개	100	백
11개	110	백십
12개	120	백이십

14 실생활 I

키와 몸무게 15

14 · 15

10막대의 개수와 키의 관계에 대해 이야기해 봅니다. 10부터 10씩 커지는 수를 쓰고 읽을 수 있습니다. 그림과 표에서 10막대는 10cm 길이를 뜻합니다. 10cm가 어느 정도의 길이인지 말해 주는 것도 좋습니다.

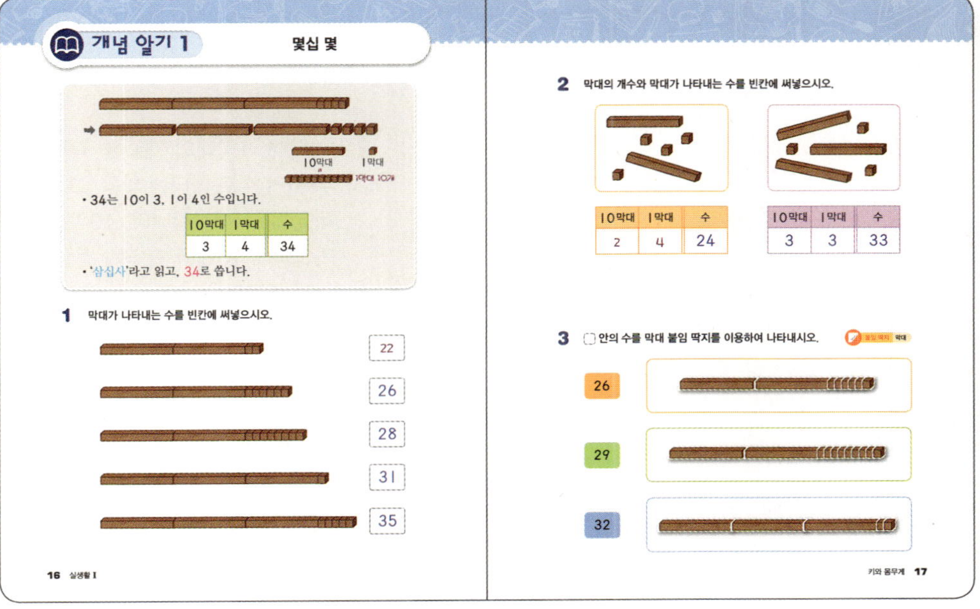

개념 알기 1 몇십 몇

• 34는 10이 3, 1이 4인 수입니다.

10막대	1막대	수
3	4	34

• '삼십사'라고 읽고, 34로 씁니다.

1 막대가 나타내는 수를 빈칸에 써넣으시오.

22 / 26 / 28 / 31 / 35

16 실생활 I

2 막대의 개수와 막대가 나타내는 수를 빈칸에 써넣으시오.

10막대	1막대	수
2	4	24

10막대	1막대	수
3	3	33

3 ◌ 안의 수를 막대 붙임 딱지를 이용하여 나타내시오.

26 / 29 / 32

키와 몸무게 17

16 · 17

막대가 나타내는 수를 알아봅니다.

1 10막대는 십의 자리를, 1막대는 일의 자리를 나타냅니다. 10막대와 1막대를 구분하여 개수를 세어 두 자리 수를 나타내게 합니다.

2 10막대와 1막대를 구분하여 개수를 세어야 하는 것에 주의합니다. 10막대의 개수를 십의 자리에, 1막대의 개수를 일의 자리에 차례로 쓰면 두 자리 수가 써집니다.

3 십의 자리 숫자만큼 10막대를 붙이고, 일의 자리 숫자만큼 1막대를 붙입니다.

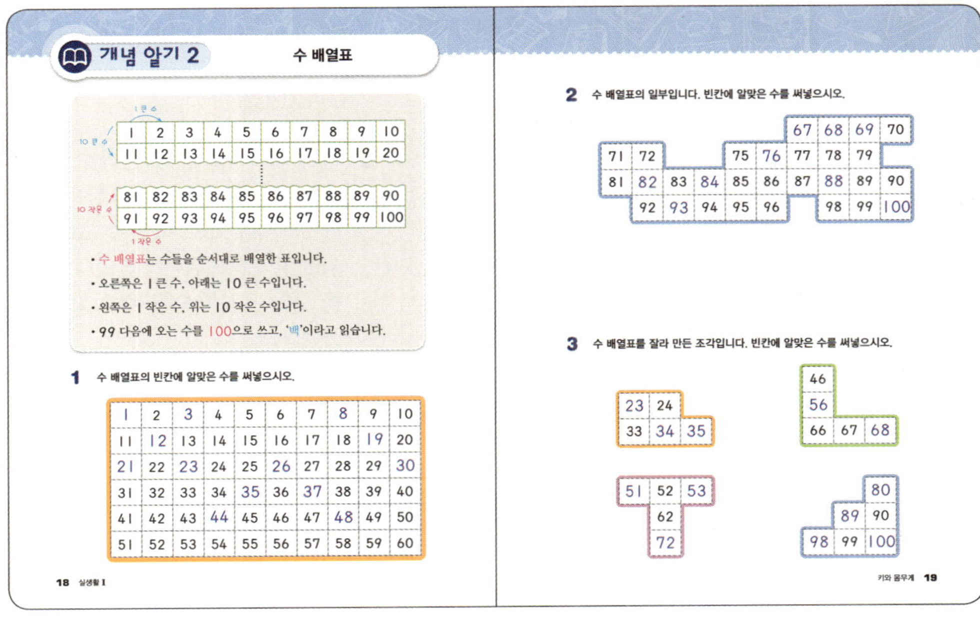

개념 알기 2 수 배열표

1	2	3	4	5	6	7	8	9	10
11	12	13	14	15	16	17	18	19	20
⋮									
81	82	83	84	85	86	87	88	89	90
91	92	93	94	95	96	97	98	99	100

• 수 배열표는 수들을 순서대로 배열한 표입니다.
• 오른쪽은 1 큰 수, 아래는 10 큰 수입니다.
• 왼쪽은 1 작은 수, 위는 10 작은 수입니다.
• 99 다음에 오는 수를 100으로 쓰고, '백'이라고 읽습니다.

1 수 배열표의 빈칸에 알맞은 수를 써넣으시오.

1	2	3	4	5	6	7	8	9	10
11	12	13	14	15	16	17	18	19	20
21	22	23	24	25	26	27	28	29	30
31	32	33	34	35	36	37	38	39	40
41	42	43	44	45	46	47	48	49	50
51	52	53	54	55	56	57	58	59	60

18 실생활 I

2 수 배열표의 일부입니다. 빈칸에 알맞은 수를 써넣으시오.

						67	68	69	70
71	72			75	76	77	78	79	
81	82	83	84	85	86	87	88	89	90
	92	93	94	95	96		98	99	100

3 수 배열표를 잘라 만든 조각입니다. 빈칸에 알맞은 수를 써넣으시오.

23	24	
33	34	35

46		
56		
66	67	68

51	52	53
	62	
	72	

		80
	89	90
98	99	100

키와 몸무게 19

18 · 19

수 배열표의 규칙을 알아봅니다.

1 수 배열표의 규칙을 알고, 비어 있는 수 배열표를 완성합니다.

2 수 배열표의 규칙을 이용하여 부분이 잘려나간 수 배열표를 완성합니다. 수 배열표의 규칙을 어려워하는 경우 직사각형 모양으로 빈 부분을 채운 다음 수 배열표를 완성하게 하는 것도 좋습니다.

3 수 배열표의 규칙을 이용하여 수 배열표 조각을 완성합니다. 아이가 어려워한다면 수 배열표를 보여주고 조각을 찾을 수 있게 도와줍니다.

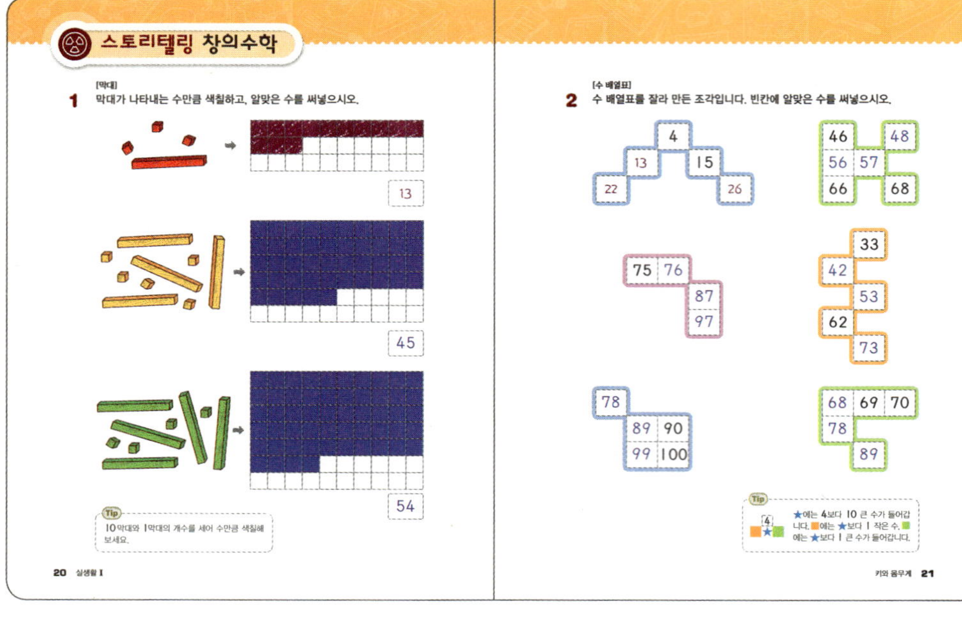

20 · 21

1 10막대, 1막대의 개수를 각각 세어 두 자리 수로 나타낸 다음, 그 수만큼 네모 칸을 색칠합니다. 10막대 하나가 1막대 10개와 같다는 것을 알 수 있게 합니다.

2 수 배열표의 규칙을 이용하여 수 배열표 조각의 빈칸을 채웁니다. 아이가 어려워 하는 경우 조각을 직사각형 형태로 칸을 만들어 규칙에 따라 칸을 채울 수 있도록 하는 것도 좋습니다.

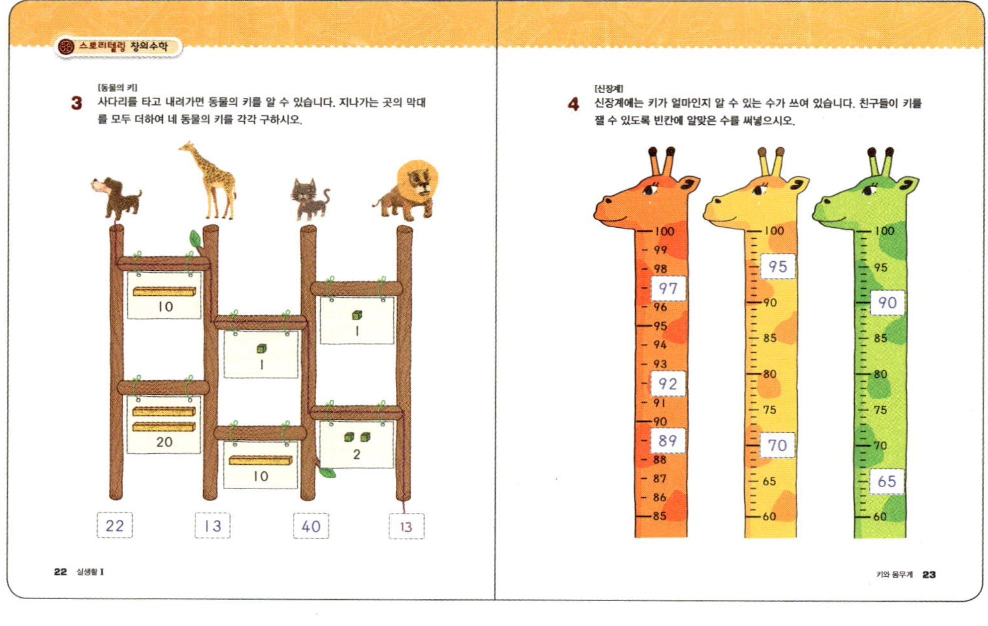

22 · 23

3 먼저 사다리를 타는 방법을 설명해 줍니다. 사다리를 타고 내려가며 만나는 막대를 바로 더할 수 있다면 좋지만 만약 어려워한다면 만나는 막대를 모두 표시한 다음 수로 나타내게 합니다.

4 작아지는 수의 규칙을 찾아 빈칸을 채웁니다. 작아지는 수를 어려워한다면 아래에서부터 커지는 수를 써보게 하는 것도 좋습니다.

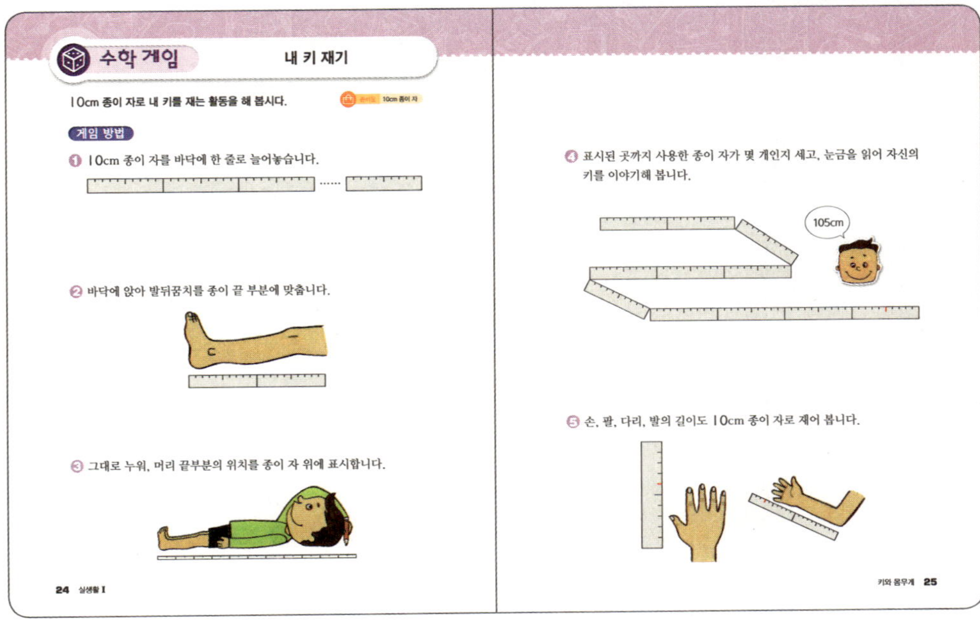
수학 게임 내 키 재기

10cm 종이 자로 내 키를 재는 활동을 해 봅시다.

10cm 종이 자

게임 방법

① 10cm 종이 자를 바닥에 한 줄로 늘어놓습니다.

② 바닥에 앉아 발뒤꿈치를 종이 끝 부분에 맞춥니다.

③ 그대로 누워, 머리 끝부분의 위치를 종이 자 위에 표시합니다.

④ 표시된 곳까지 사용한 종이 자가 몇 개인지 세고, 눈금을 읽어 자신의 키를 이야기해 봅니다.

⑤ 손, 팔, 다리, 발의 길이도 10cm 종이 자로 재어 봅니다.

24 실생활 I

키와 몸무게 25

24 · 25

신장계 없이도 키를 잴 수 있습니다. 10cm 종이 자를 겹치거나 구겨지지 않게 잘 놓아야 합니다. 발 뒤꿈치를 종이 끝 부분에 맞춰야 하는 것에 주의합니다. 키 재는 것은 도와주고, 개수를 세어 자신의 키를 말해 보게 합니다. 손이나 팔, 다리 등 짧은 길이는 스스로 재어 보게 합니다.

생각 열기 몸무게

체중계는 바늘의 왼쪽에 있는 수부터 눈금을 세어 읽어야 합니다. 체중계를 보고 여러 사람들의 몸무게를 알아봅니다.

23kg

37 kg

52 kg

26 실생활 I

키와 몸무게 27

26 · 27

체중계를 읽는 방법에 대해 알아봅니다. kg 단위는 자세한 설명보다 '23 킬로그램'과 같이 읽는 방법만 알려줍니다. 눈금을 세어 바늘이 가리키는 숫자를 쓰고, 몸무게를 읽어 봅니다. 집에 체중계가 있다면 자신의 몸무게를 재어 읽어 보게 하는 것도 좋습니다.

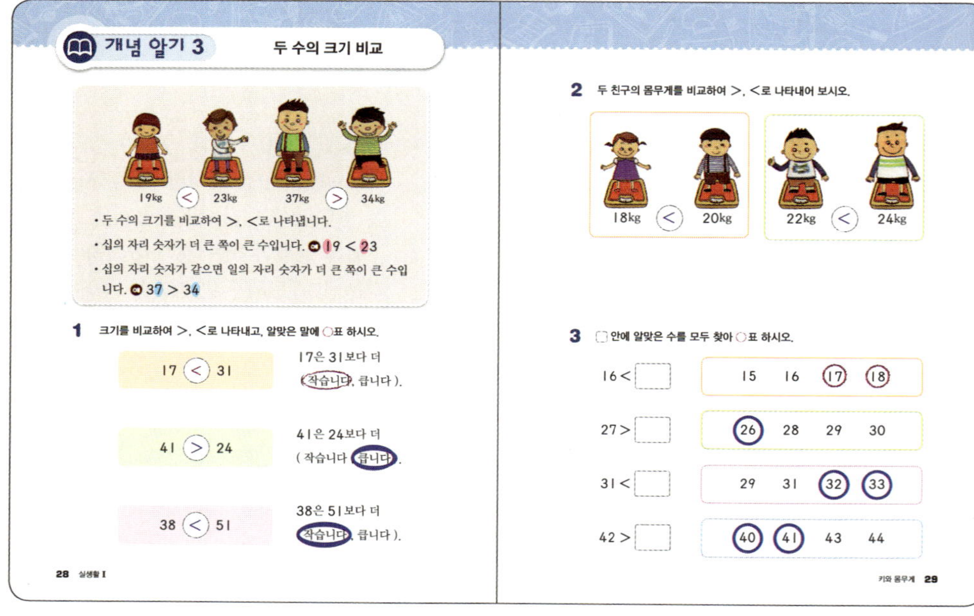

개념 알기 3 두 수의 크기 비교

- 두 수의 크기를 비교하여 >, <로 나타냅니다.
- 십의 자리 숫자가 더 큰 쪽이 큰 수입니다. 예 19 < 23
- 십의 자리 숫자가 같으면 일의 자리 숫자가 더 큰 쪽이 큰 수입니다. 예 37 > 34

1 크기를 비교하여 >, <로 나타내고, 알맞은 말에 ○표 하시오.

17 < 31 17은 31보다 더 (작습니다, 큽니다).

41 > 24 41은 24보다 더 (작습니다, 큽니다).

38 < 51 38은 51보다 더 (작습니다, 큽니다).

28 실생활 I

2 두 친구의 몸무게를 비교하여 >, <로 나타내어 보시오.

3 □ 안에 알맞은 수를 모두 찾아 ○표 하시오.

16 < □ 15 16 17 18

27 > □ 26 28 29 30

31 < □ 29 31 32 33

42 > □ 40 41 43 44

키와 몸무게 29

두 수의 크기를 비교하는 방법을 알고, 기호로 나타냅니다.

1 십의 자리 숫자부터 차례로 비교해야 합니다. 두 수를 비교하여 더 큰 수에 ○표 한 다음, 큰 수쪽으로 입을 벌릴 수 있도록 알려주어 기호를 올바르게 사용할 수 있도록 도와줍니다.

2 몸무게가 무거울수록 더 큰 수, 가벼울수록 더 작은 수임을 알게 합니다. >, <를 올바른 방향으로 그릴 수 있도록 합니다.

3 >, <는 크거나 작은 수를 나타내는 기호입니다. 같은 수에는 ○표 하지 않도록 주의합니다.

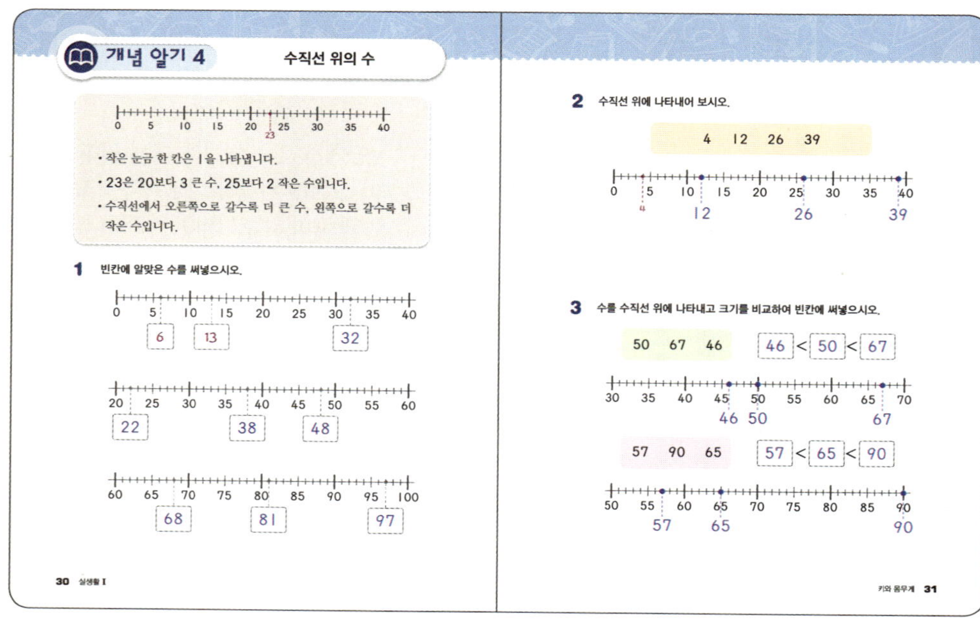

개념 알기 4 수직선 위의 수

- 작은 눈금 한 칸은 1을 나타냅니다.
- 23은 20보다 3 큰 수, 25보다 2 작은 수입니다.
- 수직선에서 오른쪽으로 갈수록 더 큰 수, 왼쪽으로 갈수록 더 작은 수입니다.

1 빈칸에 알맞은 수를 써넣으시오.

30 실생활 I

2 수직선 위에 나타내어 보시오.

4 12 26 39

3 수를 수직선 위에 나타내고 크기를 비교하여 빈칸에 써넣으시오.

50 67 46 → 46 < 50 < 67

57 90 65 → 57 < 65 < 90

키와 몸무게 31

30 · 31

직선 위에 수를 차례대로 나타낸 수직선을 알아봅니다.

1 수직선 위의 수는 오른쪽으로 갈 수록 커지고, 왼쪽으로 갈수록 작아집니다. 표시된 부분의 왼쪽에 있는 수에 눈금 개수만큼 더하여 수를 찾습니다. 또한, 오른쪽에 있는 수에서 왼쪽으로 눈금 개수를 빼어 수를 찾을 수도 있습니다.

2 큰 눈금에 적힌 수를 이용하여 원하는 수를 수직선 위에 나타냅니다.

3 수를 수직선 위에 나타냅니다. 오른쪽으로 갈수록 큰 수라는 것을 알면, 수의 크기를 비교할 수 있습니다.

스토리텔링 창의수학

[수직선]

1 두 수를 수직선에 연결하고, 크기를 비교하여 >, <로 나타내어 보시오.

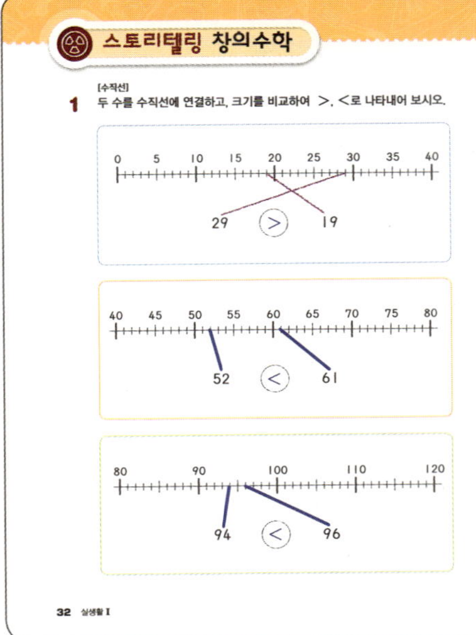

32 실생활 I

[시소]

2 시소가 어느 한쪽으로 기울지 않으면 양쪽의 무게가 같은 것입니다. 양쪽의 무게가 같도록 추를 색칠하시오.

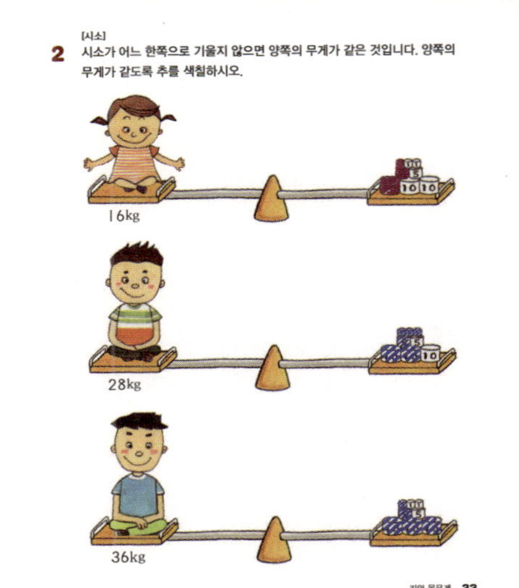

키와 몸무게 33

32 · 33

1 수직선에 나타낸 두 수의 위치를 보고 수의 크기를 비교할 수 있다면 좋지만, 어려워한다면 수를 보고 크기를 비교하게 한 후 수직선에 나타낸 위치를 보게 하는 것도 좋습니다. 기호를 올바르게 나타내었는지 확인합니다.

2 수를 추로 나타내는 방법은 막대와 비슷하지만 5단위가 추가되어 조금 어려워할 수 있습니다. 한 문제 정도 함께 풀어주시고, 다른 문제를 풀어 보게 합니다.

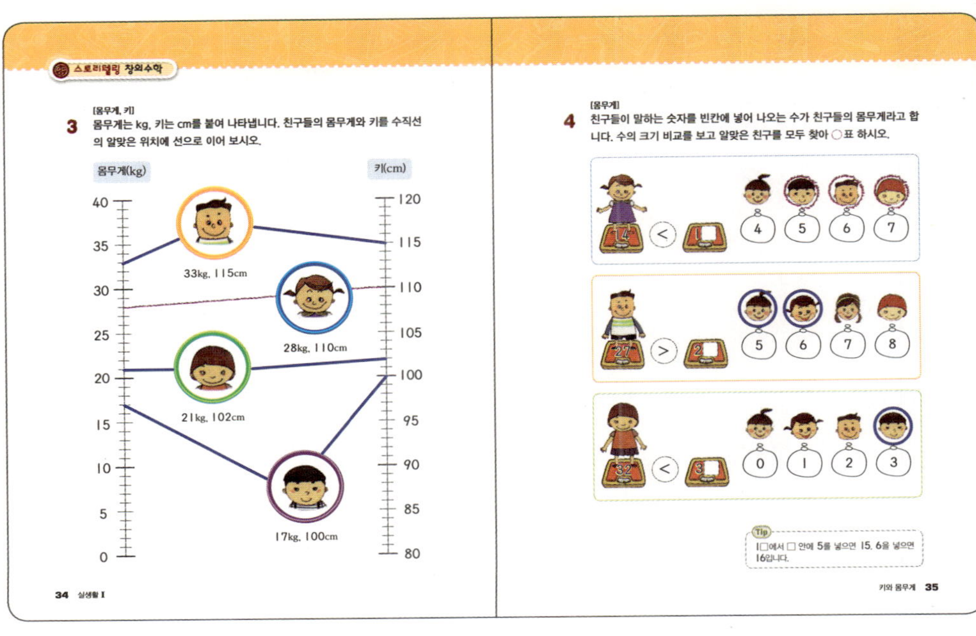

스토리텔링 창의수학

[몸무게, 키]

3 몸무게는 kg, 키는 cm를 붙여 나타냅니다. 친구들의 몸무게와 키를 수직선의 알맞은 위치에 선으로 이어 보시오.

34 실생활 I

[몸무게]

4 친구들이 말하는 숫자를 빈칸에 넣어 나오는 수가 친구들의 몸무게라고 합니다. 수의 크기 비교를 보고 알맞은 친구를 모두 찾아 ○표 하시오.

Tip 1□에서 □ 안에 5를 넣으면 15, 6을 넣으면 16입니다.

키와 몸무게 35

34 · 35

3 kg(킬로그램), cm(센티미터)를 어떻게 읽는지만 알려줍니다. 몸무게를 모두 연결한 다음 키를 연결하게 하여도 좋습니다. 가장 무거운 사람과 키가 가장 큰 사람 등을 이야기해 봐도 좋습니다.

4 십의 자리 숫자가 같을 때, 일의 자리 숫자가 더 큰 쪽이 큰 수입니다. 같은 수는 크거나 작은 것에 제외된다는 것에 주의합니다. 빈칸에 숫자를 하나씩 넣어 보며 비교하게 해도 좋습니다.

II 쿠폰

단원소개

쿠폰을 모으고 사용하는 상황으로 덧셈과 뺄셈의 의미를 이해하고 구별합니다. 두 자리 수의 범위에서 받아올림이 없는 덧셈과 받아내림이 없는 뺄셈을 하고, 덧셈식과 뺄셈식으로 나타낼 수 있도록 구성하였습니다.

학습목표

1 쿠폰을 모으는 상황을 덧셈식으로 나타내고 계산하게 합니다.
2 더하여 정해진 수가 되는 두 수를 찾을 수 있게 합니다.
3 쿠폰을 사용하는 상황을 뺄셈식으로 나타내고 계산하게 합니다.
4 수 배열표를 보며 몇씩 작아지는 수를 찾고, 그 규칙을 찾을 수 있게 합니다.

스토리 동기유발

이야기를 읽고, 실제 쿠폰을 가지고 두 쿠폰을 합하면 몇 개가 되는지, 몇 개를 더 모아야 하는지 등 직접 세어 결과를 이야기해 보면 이번 단원에 좀 더 쉽게 접근할 수 있습니다.

44 · 45

쿠폰 개수에 따라 교환할 수 있는 음식 메뉴를 보고, 15장, 20장으로 바꿀 수 있는 음식을 이야기해 봅니다. 15장과 20장으로 군만두를 바꾸어 먹을 때, 남는 쿠폰의 개수는 몇 개인지도 이야기해 봅니다. 같은 종류의 쿠폰은 더해서 사용할 수 있다는 것을 알려줍니다. 두 사람의 쿠폰을 더했을 때 바꾸어 먹을 수 있는 메뉴에는 어떤 것들이 있는지 자유롭게 이야기해 봅니다.

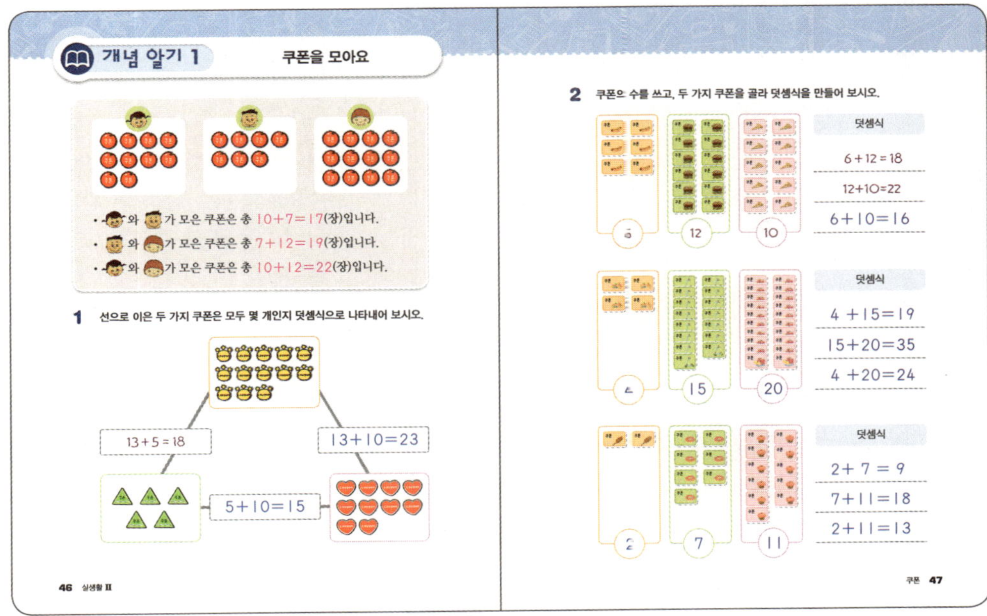

개념 알기 1 쿠폰을 모아요

- 와 가 모은 쿠폰은 총 10+7=17(장)입니다.
- 와 가 모은 쿠폰은 총 7+12=19(장)입니다.
- 와 가 모은 쿠폰은 총 10+12=22(장)입니다.

1 선으로 이은 두 가지 쿠폰은 모두 몇 개인지 덧셈식으로 나타내어 보시오.

13+5=18 13+10=23 5+10=15

2 쿠폰의 수를 쓰고, 두 가지 쿠폰을 골라 덧셈식을 만들어 보시오.

쿠폰 수	덧셈식
6, 12, 10	6+12=18 12+10=22 6+10=16
4, 15, 20	4+15=19 15+20=35 4+20=24
2, 7, 11	2+7=9 7+11=18 2+11=13

46 … 47

46 · 47

쿠폰을 모으는 상황을 덧셈식으로 나타냅니다.

1 덧셈식으로 나타내고 계산합니다. 받아올림이 없는 덧셈이기 때문에 많은 어려움은 없지만, 만약 아이가 어려워한다면 더한 두 쿠폰 개수를 세어 답하게 해도 좋습니다.

2 세 수가 있을 때, 두 수씩 더할 수 있는 경우는 총 3가지입니다. 둘씩 짝지어 덧셈식을 써 보고, 계산해 봅니다. 쿠폰의 개수를 세어 검산을 해 보는 것도 좋습니다.

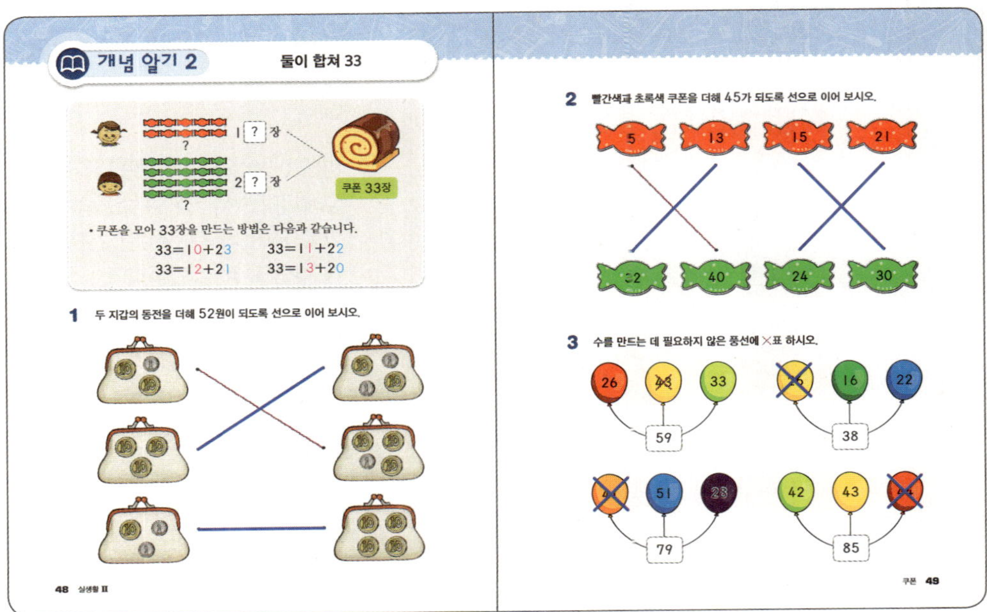

개념 알기 2 둘이 합쳐 33

1?장 2?장 쿠폰 33장

- 쿠폰을 모아 33장을 만드는 방법은 다음과 같습니다.

33=10+23 33=11+22
33=12+21 33=13+20

1 두 지갑의 동전을 더해 52원이 되도록 선으로 이어 보시오.

2 빨간색과 초록색 쿠폰을 더해 45가 되도록 선으로 이어 보시오.

5 13 15 21
32 40 24 30

3 수를 만드는 데 필요하지 않은 풍선에 ×표 하시오.

26 33 → 59
16 22 → 38
51 28 → 79
42 43 → 85

48 … 49

48 · 49

더하여 정해진 수가 되는 두 수를 찾습니다.

1 받아올림이 없는 두 수를 더할 때에는 십의 자리와 일의 자리를 따로 더하여 계산해도 됩니다. 연결한 두 동전을 덧셈식으로 나타내어 보는 것도 좋습니다.

2 더해서 45가 되는 두 수를 찾아 연결합니다. 연결한 두 수를 덧셈식으로도 나타내어 봅니다.

3 두 수씩 합을 구해 필요한 두 수를 찾고 필요하지 않은 수에 ×표 합니다.

50 · 51

1 칭찬 스티커의 개수를 세어 덧셈식으로 나타냅니다. 계산하여 나온 수와 칭찬 스티커의 총 개수가 같은지 확인합니다.

2 주어진 수와 더하여 쿠폰의 개수가 되게 하는 두 자리 수를 찾습니다. 뺄셈으로 생각하여 쿠폰의 개수에서 가지고 있는 쿠폰의 수를 뺄 수도 있습니다.

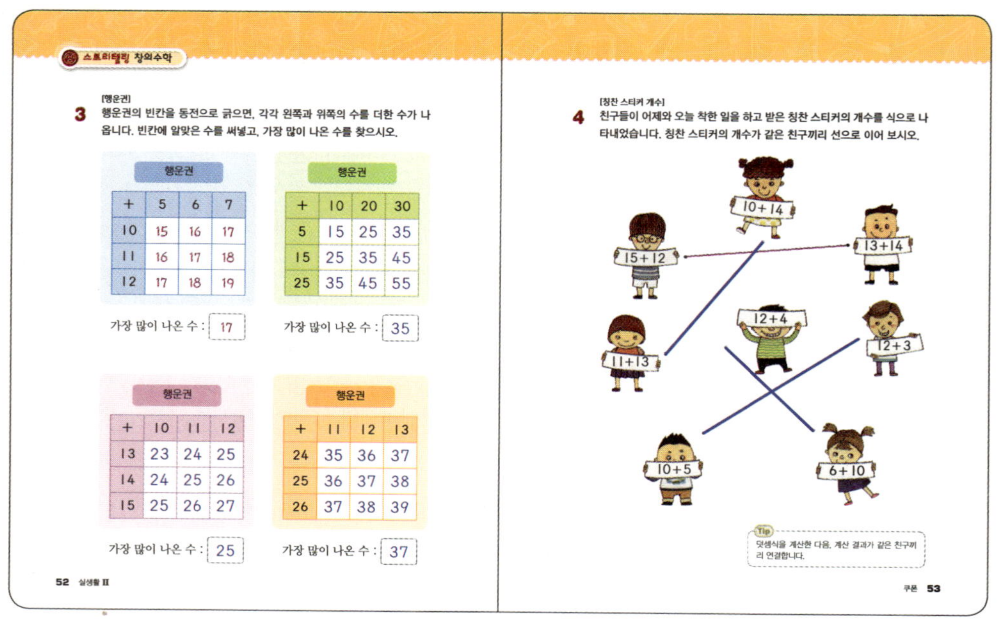

52 · 53

3 더하는 방법을 이해하여 빈칸을 채워 넣습니다. 1씩 커지는 수들의 합에서 가장 많이 나오는 수는 오른쪽 대각선 수임을 알 수 있습니다.

4 각각 들고 있는 종이에 적힌 덧셈식을 계산하여 나온 결과가 같은 것끼리 연결합니다.

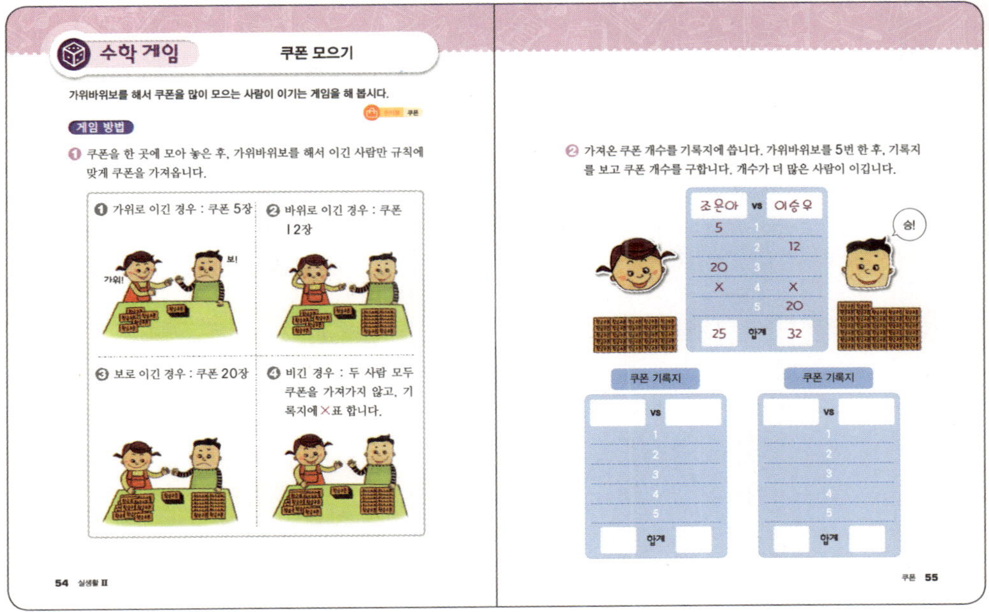

수학 게임 쿠폰 모으기

가위바위보를 해서 쿠폰을 많이 모으는 사람이 이기는 게임을 해 봅시다.

게임 방법

1 쿠폰을 한 곳에 모아 놓은 후, 가위바위보를 해서 이긴 사람만 규칙에 맞게 쿠폰을 가져옵니다.

❶ 가위로 이긴 경우 : 쿠폰 5장

❷ 바위로 이긴 경우 : 쿠폰 12장

❸ 보로 이긴 경우 : 쿠폰 20장

❹ 비긴 경우 : 두 사람 모두 쿠폰을 가져가지 않고, 기록지에 ×표 합니다.

2 가져온 쿠폰 개수를 기록지에 씁니다. 가위바위보를 5번 한 후, 기록지를 보고 쿠폰 개수를 구합니다. 개수가 더 많은 사람이 이깁니다.

조은아	vs	이승우
5	1	
	2	12
20	3	
×	4	×
	5	20
25	합계	32

쿠폰 기록지

쿠폰 기록지

54 실생활 II

쿠폰 55

54 · 55

이긴 손 모양에 따라 쿠폰의 개수를 다르게 가져옵니다. 자신이 가져온 쿠폰의 개수를 기록하며 가위바위보를 합니다. 한 게임을 한 후 기록지를 보고 각자 개수를 더하여 쿠폰의 개수를 씁니다. 계산한 값과 쿠폰의 개수가 맞는지 확인합니다.

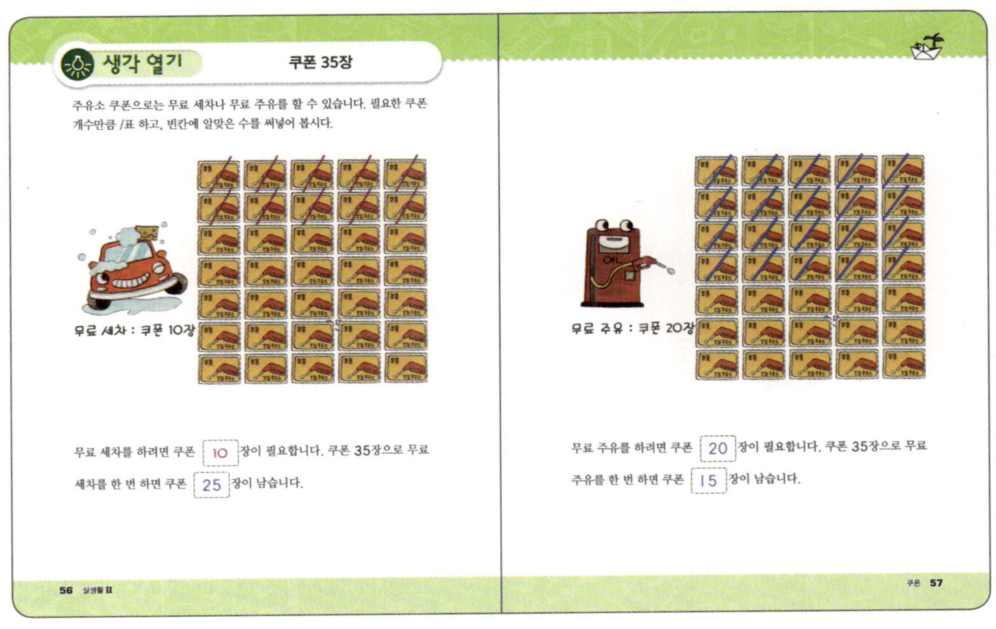

생각 열기 쿠폰 35장

주유소 쿠폰으로는 무료 세차나 무료 주유를 할 수 있습니다. 필요한 쿠폰 개수만큼 /표 하고, 빈칸에 알맞은 수를 써넣어 봅시다.

무료 세차 : 쿠폰 10장

무료 세차를 하려면 쿠폰 10 장이 필요합니다. 쿠폰 35장으로 무료 세차를 한 번 하면 쿠폰 25 장이 남습니다.

무료 주유 : 쿠폰 20장

무료 주유를 하려면 쿠폰 20 장이 필요합니다. 쿠폰 35장으로 무료 주유를 한 번 하면 쿠폰 15 장이 남습니다.

56 실생활 II

쿠폰 57

56 · 57

현재 가지고 있는 쿠폰의 개수를 확인하여 무료 세차나 무료 주유를 할 때 필요한 쿠폰 개수에 맞게 쿠폰을 지우고, 남은 쿠폰 개수를 세어 봅니다. 만약 35장으로 무료 세차와 무료 주유를 모두 받으면 몇 장이 남는지도 이야기해 봅니다.

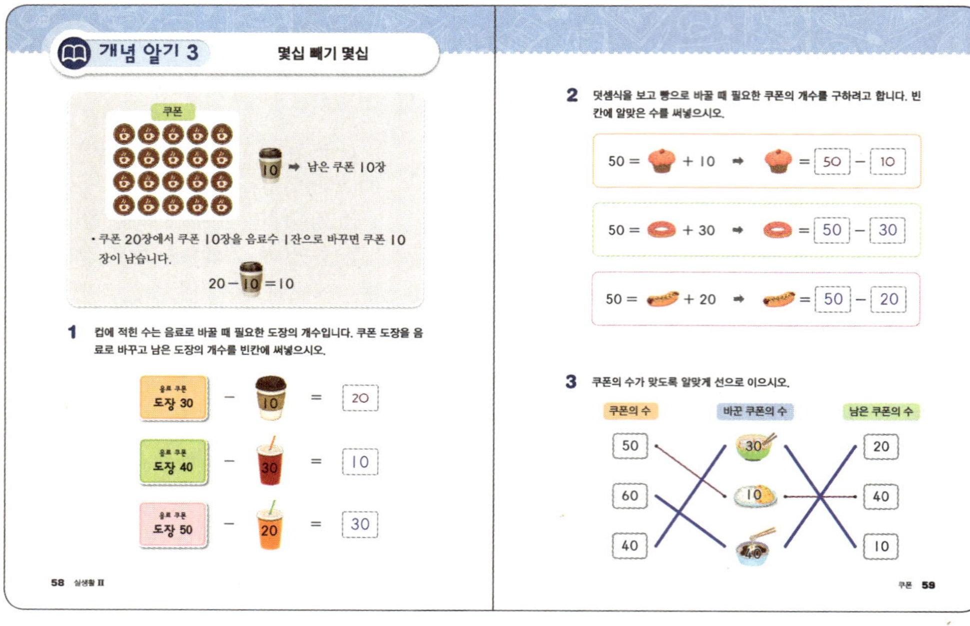

개념 알기 3 몇십 빼기 몇십

쿠폰

→ 남은 쿠폰 10장

• 쿠폰 20장에서 쿠폰 10장을 음료수 1잔으로 바꾸면 쿠폰 10장이 남습니다.

20 − 10 = 10

1 컵에 적힌 수는 음료로 바꿀 때 필요한 도장의 개수입니다. 쿠폰 도장을 음료로 바꾸고 남은 도장의 개수를 빈칸에 써넣으시오.

도장 30 − 10 = 20

도장 40 − 30 = 10

도장 50 − 20 = 30

58 실생활 II

2 덧셈식을 보고 빵으로 바꿀 때 필요한 쿠폰의 개수를 구하려고 합니다. 빈칸에 알맞은 수를 써넣으시오.

50 = + 10 → = 50 − 10

50 = + 30 → = 50 − 30

50 = + 20 → = 50 − 20

3 쿠폰의 수가 맞도록 알맞게 선으로 이으시오.

쿠폰의 수: 50, 60, 40

바꾼 쿠폰의 수: 30, 10

남은 쿠폰의 수: 20, 40, 10

쿠폰 59

58 · 59

쿠폰을 사용하는 상황을 덧셈식과 뺄셈식으로 나타냅니다.

1 음료를 바꾸고 남은 도장의 개수를 뺄셈식을 이용하여 구합니다.

2 덧셈식을 보고 뺄셈식을 만듭니다. 가지고 있는 쿠폰의 개수에서 남은 쿠폰의 개수를 빼면 필요한 쿠폰의 개수가 된다는 것을 구체물을 가지고 설명하면 아이가 좀 더 쉽게 이해할 수 있습니다.

3 기존 쿠폰의 개수에서 바꾼 쿠폰의 개수를 빼어 남은 쿠폰의 개수가 되도록 선을 연결합니다.

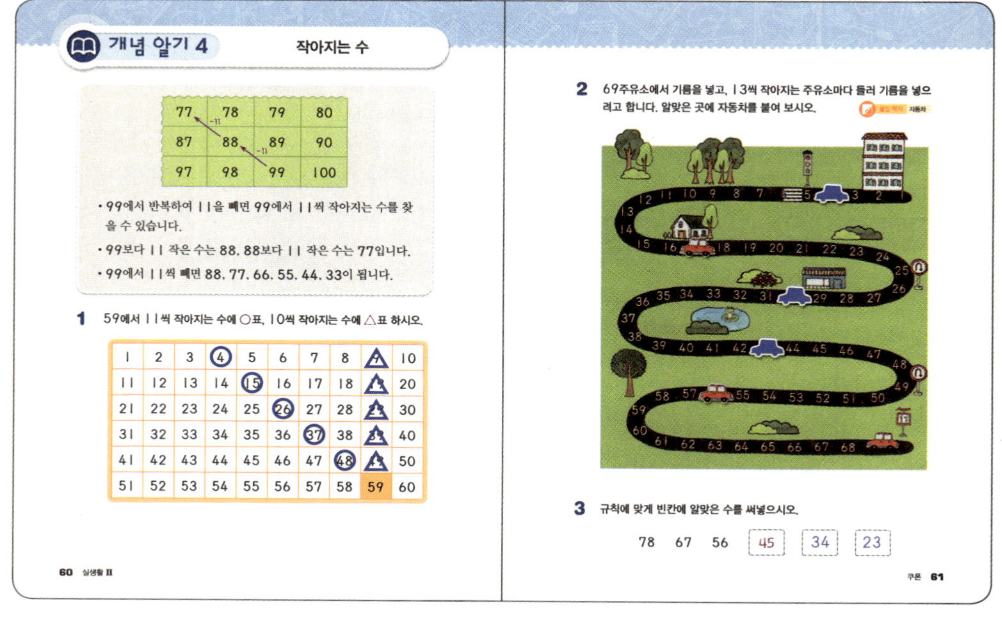

개념 알기 4 작아지는 수

77	78	79	80
87	88	89	90
97	98	99	100

• 99에서 반복하여 11을 빼면 99에서 11씩 작아지는 수를 찾을 수 있습니다.

• 99보다 11 작은 수는 88, 88보다 11 작은 수는 77입니다.

• 99에서 11씩 빼면 88, 77, 66, 55, 44, 33이 됩니다.

1 59에서 11씩 작아지는 수에 ○표, 10씩 작아지는 수에 △표 하시오.

1	2	3	4	5	6	7	8	9	10
11	12	13	14	15	16	17	18	19	20
21	22	23	24	25	26	27	28	29	30
31	32	33	34	35	36	37	38	39	40
41	42	43	44	45	46	47	48	49	50
51	52	53	54	55	56	57	58	59	60

60 실생활 II

2 69주유소에서 기름을 넣고, 13씩 작아지는 주유소마다 들러 기름을 넣으려고 합니다. 알맞은 곳에 자동차를 붙여 보시오.

3 규칙에 맞게 빈칸에 알맞은 수를 써넣으시오.

78 67 56 45 34 23

쿠폰 61

60 · 61

수 배열표에서 규칙에 맞게 작아지는 수를 찾습니다.

1 수 배열표는 일정한 규칙으로 수가 배열되어 있습니다. 규칙에 맞게 작아지는 수를 찾고, "왼쪽으로 한 칸, 위로 한 칸씩 떨어져 있습니다."와 같이 배열을 이야기해 봅니다.

2 13씩 작아지는 수를 찾습니다. 아이가 어려워한다면 수 배열표를 참고하여 수를 찾아도 좋습니다.

3 수들이 11씩 작아지는 규칙으로 나열되어 있습니다. 규칙에 맞게 빈칸에 알맞은 수를 씁니다.

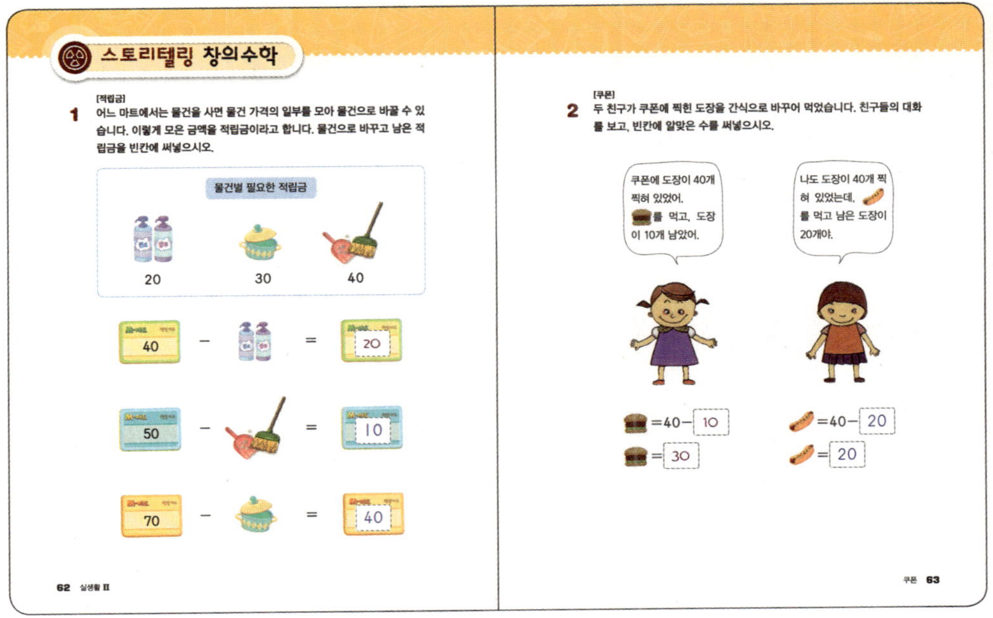

스토리텔링 창의수학

[적립금]

1 어느 마트에서는 물건을 사면 물건 가격의 일부를 모아 물건으로 바꿀 수 있습니다. 이렇게 모은 금액을 적립금이라고 합니다. 물건으로 바꾸고 남은 적립금을 빈칸에 써넣으시오.

물건별 필요한 적립금

20 30 40

40 − = 20

50 − = 10

70 − = 40

62 실생활 II

[쿠폰]

2 두 친구가 쿠폰에 찍힌 도장을 간식으로 바꾸어 먹었습니다. 친구들의 대화를 보고, 빈칸에 알맞은 수를 써넣으시오.

=40− 10
= 30

=40− 20
= 20

쿠폰 63

62 · 63

1 먼저 적립금의 뜻을 이해할 수 있게 설명한 다음 물건을 바꾸고 남은 적립금을 구합니다.

2 가지고 있는 쿠폰과 사용하고 남은 쿠폰으로 음식을 바꿀 때 필요한 쿠폰의 개수를 구해 봅니다. 사용한 쿠폰과 남은 쿠폰을 더하면 가지고 있던 쿠폰의 개수가 되는지 확인해 보게 하여 검산을 습관화 시킵니다.

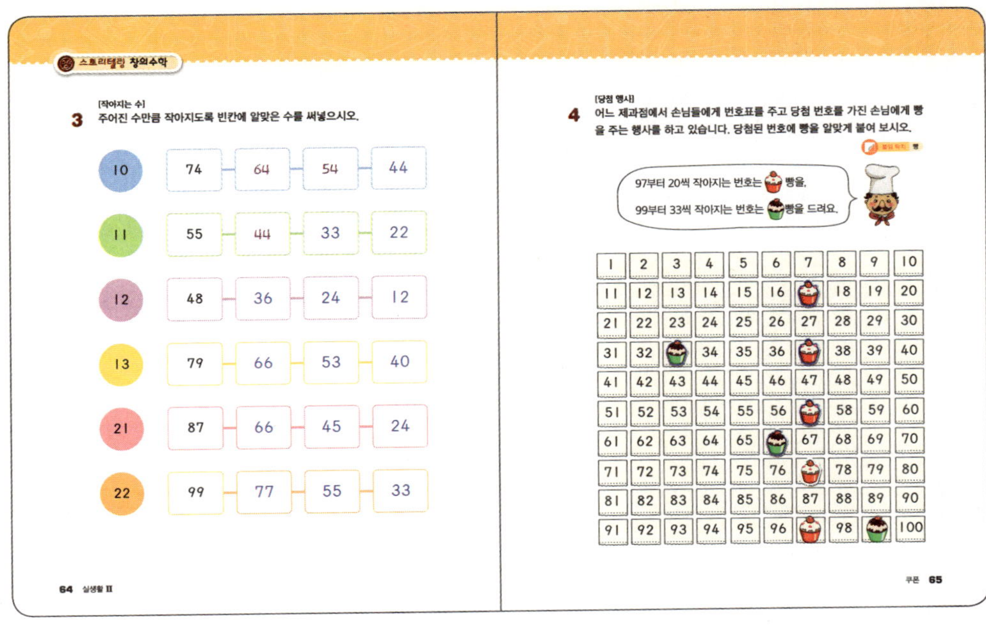

스토리텔링 창의수학

[작아지는 수]

3 주어진 수만큼 작아지도록 빈칸에 알맞은 수를 써넣으시오.

10	74	64	54	44
11	55	44	33	22
12	48	36	24	12
13	79	66	53	40
21	87	66	45	24
22	99	77	55	33

64 실생활 II

[당첨 행사]

4 어느 제과점에서 손님들에게 번호표를 주고 당첨 번호를 가진 손님에게 빵을 주는 행사를 하고 있습니다. 당첨된 번호에 빵을 알맞게 붙여 보시오.

1	2	3	4	5	6	7	8	9	10
11	12	13	14	15	16		18	19	20
21	22	23	24	25	26	27	28	29	30
31	32		34	35	36		38	39	40
41	42	43	44	45	46	47	48	49	50
51	52	53	54	55	56		58	59	60
61	62	63	64	65		67	68	69	70
71	72	73	74	75	76		78	79	80
81	82	83	84	85	86	87	88	89	90
91	92	93	94	95	96		98		100

쿠폰 65

64 · 65

3 왼쪽의 수만큼 작아지는 규칙입니다. 뺄셈식을 사용하여 작아지는 수를 씁니다.

4 1부터 100까지 있는 수 배열표입니다. 97부터 20씩 작아지는 수와 99부터 33씩 작아지는 수를 찾습니다. 모두 찾아 붙임 딱지를 붙인 다음에는 97−77−57−37−17과 같이 수를 나열하여 쓰고, 수가 배열된 모양을 이야기해 봅니다.

III 시계

단원소개

시각과 시간은 실생활의 필수 요소이며 아이들에게 친근한 소재입니다. 이 단원에서는 시계를 보며 몇 시 몇 분을 읽고, 몇 시간 후, 몇 분 후를 구하는 활동을 통해 수학이 우리 생활과 밀접하게 관련되어 있음을 알고 활용할 수 있도록 구성하였습니다.

학습목표

1 시계의 짧은바늘과 긴바늘의 위치를 보고, 몇 시, 몇 시 30분을 읽고 쓰게 합니다.
2 긴바늘이 같은 위치일 때, 짧은바늘의 위치를 보고 몇 시간 후인지를 구하게 합니다.
3 시계의 짧은바늘과 긴바늘의 위치를 보고, 몇 시 몇 분을 읽고 쓰게 합니다.
4 긴바늘이 움직인 칸 수를 세어 몇 분 후인지 구하게 합니다.

스토리 동기유발

시계 박물관을 다녀오는 이야기의 소재인 시계를 보고, 이번 단원에서 시계를 읽고 나타내는 방법에 대하여 배운다는 것을 짐작하게 하여 시각과 시간에 관심을 갖도록 합니다.

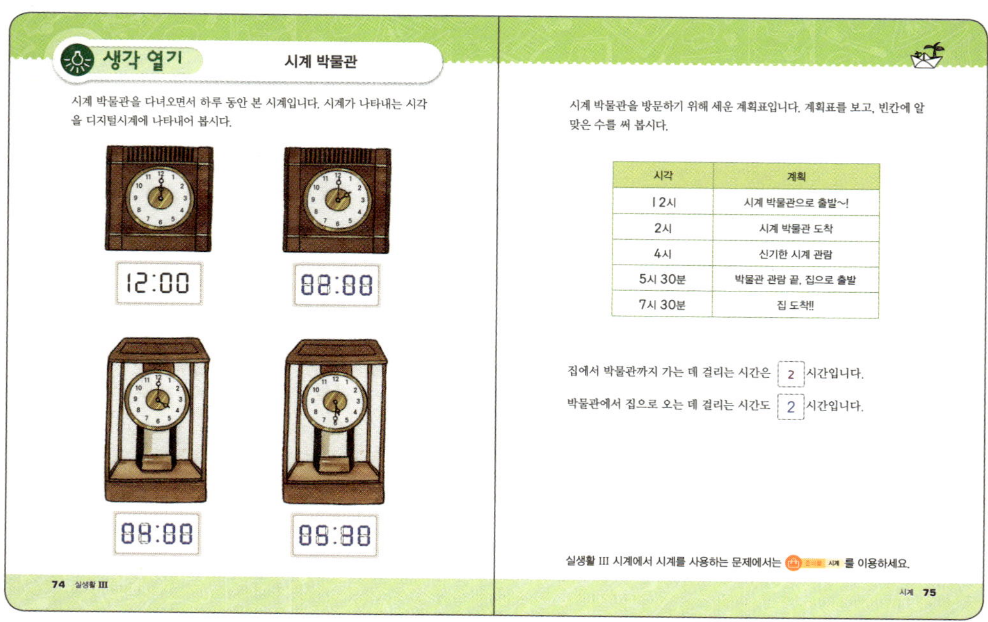
생각 열기 시계 박물관

시계 박물관을 다녀오면서 하루 동안 본 시계입니다. 시계가 나타내는 시각을 디지털시계에 나타내어 봅시다.

12:00

시계 박물관을 방문하기 위해 세운 계획표입니다. 계획표를 보고, 빈칸에 알맞은 수를 써 봅시다.

시각	계획
12시	시계 박물관으로 출발~!
2시	시계 박물관 도착
4시	신기한 시계 관람
5시 30분	박물관 관람 끝, 집으로 출발
7시 30분	집 도착!!

집에서 박물관까지 가는 데 걸리는 시간은 2 시간입니다.
박물관에서 집으로 오는 데 걸리는 시간도 2 시간입니다.

실생활 III 시계에서 시계를 사용하는 문제에서는 시계 를 이용하세요.

74 실생활 III　　시계 75

74 · 75

시계 박물관 이야기에서 나온 시계들을 보고, 디지털시계의 시각을 바늘이 있는 시계로, 바늘이 있는 시계의 시각을 디지털시계로 나타내는 방법을 짐작하여 나타냅니다. 또, 시각과 시각 사이는 얼마인지 생각하여 걸린 시간을 구할 수 있습니다. 이때, 집에서 박물관까지 가는 데 걸린 시간과 박물관에서 집까지 오는 데 걸린 시간이 같다는 것을 알면 쉽게 구할 수 있습니다.

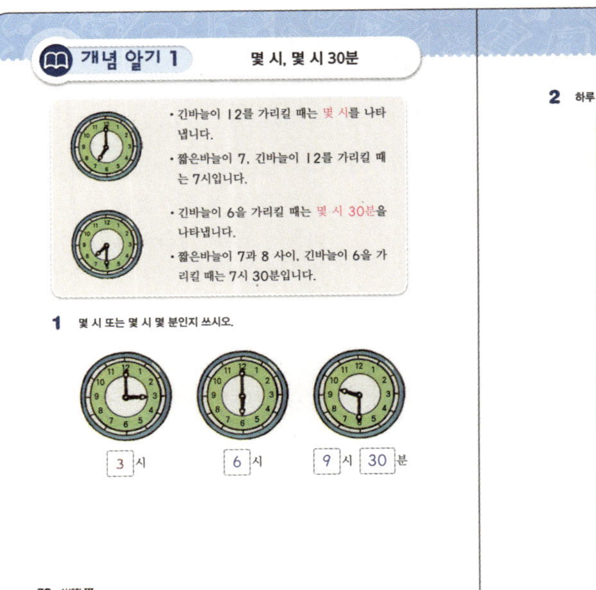

개념 알기 1 몇 시, 몇 시 30분

• 긴바늘이 12를 가리킬 때는 몇 시를 나타냅니다.
• 짧은바늘이 7, 긴바늘이 12를 가리킬 때는 7시입니다.
• 긴바늘이 6을 가리킬 때는 몇 시 30분을 나타냅니다.
• 짧은바늘이 7과 8 사이, 긴바늘이 6을 가리킬 때는 7시 30분입니다.

1 몇 시 또는 몇 시 몇 분인지 쓰시오.

3 시 / 6 시 / 9 시 30 분

76 실생활 III

2 하루 일과를 보고 시계에 바르게 나타내 보시오.

7시 잠에서 깨어나요.

9시 동생이랑 놀아요.

12시 30분 점심을 먹어요.

2시 30분 태권도를 배워요.

시계 77

76 · 77

긴바늘이 가리키는 위치에 따라 몇 시와 몇 시 몇 분을 읽습니다.

1 바늘시계를 보고 몇 시, 몇 시 30분을 읽고 씁니다. 특히 30분을 나타내는 시계에서 짧은바늘의 위치를 잘 보고 왜 그런지 이유를 이야기해 보는 것도 좋습니다.

2 글의 내용에 맞게 시곗바늘을 그립니다. 정각을 나타낼 때는 긴바늘이 12를 향하고, 30분을 나타낼 때에는 긴바늘이 6을 향하는 것에 주의합니다.

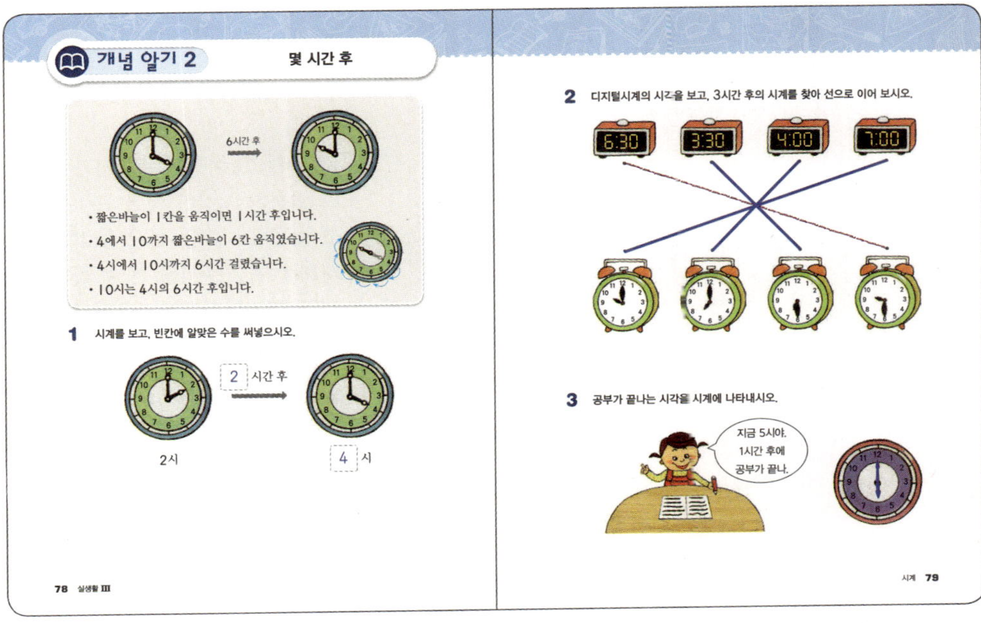

개념 알기 2 몇 시간 후

6시간 후

• 짧은바늘이 1칸을 움직이면 1시간 후입니다.
• 4에서 10까지 짧은바늘이 6칸 움직였습니다.
• 4시에서 10시까지 6시간 걸렸습니다.
• 10시는 4시의 6시간 후입니다.

1 시계를 보고, 빈칸에 알맞은 수를 써넣으시오.

2 시간 후

2시 / 4 시

78 실생활 III

2 디지털시계의 시각을 보고, 3시간 후의 시계를 찾아 선으로 이어 보시오.

6:30 3:30 4:00 7:00

3 공부가 끝나는 시각을 시계에 나타내시오.

시계 79

78 · 79

짧은바늘이 움직인 칸 수를 세어 걸린 시간을 구합니다.

1 짧은바늘이 움직인 칸 수를 세어 몇 시간 후의 시계인지 구합니다. 이때, 두 시계의 긴바늘의 위치는 같다는 것을 말해줍니다.

2 디지털시계의 시각을 바늘시계로 나타낸 다음 3시간 후의 시각을 찾습니다. 거꾸로 바늘시계의 시각을 디지털시계로 나타낸 다음 3시간 전의 시각을 찾아도 좋습니다.

3 5시의 한 시간 후가 6시임을 시계를 보며 알려주는 것도 좋습니다.

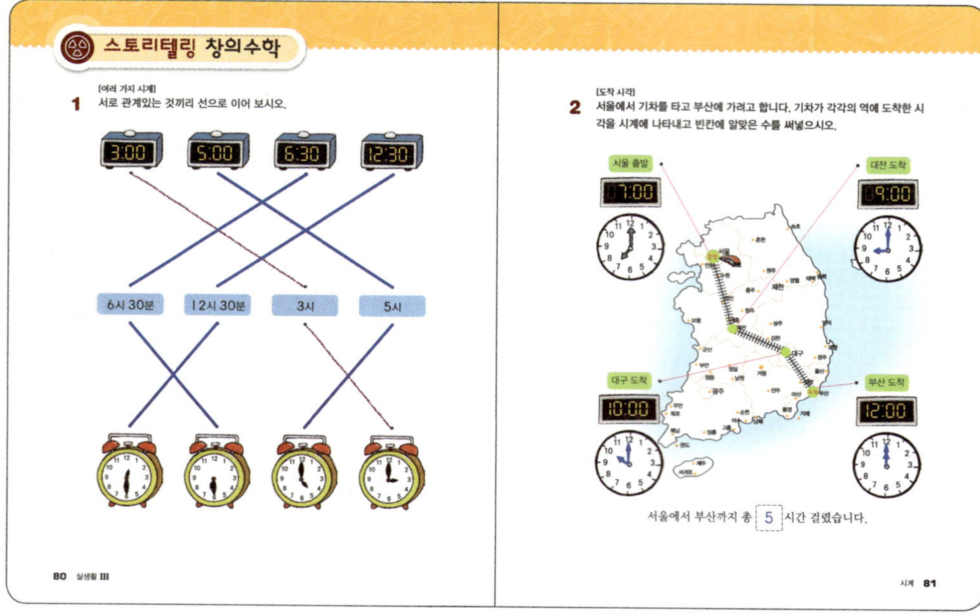
스토리텔링 창의수학

[여러 가지 시계]

1 서로 관계있는 것끼리 선으로 이어 보시오.

3:00 5:00 6:30 12:30

6시 30분 12시 30분 3시 5시

80 실생활 III

[도착 시각]

2 서울에서 기차를 타고 부산에 가려고 합니다. 기차가 각각의 역에 도착한 시각을 시계에 나타내고 빈칸에 알맞은 수를 써넣으시오.

서울 출발 7:00

대전 도착 9:00

대구 도착 10:00

부산 도착 12:00

서울에서 부산까지 총 5 시간 걸렸습니다.

시계 81

80 · 81

1 디지털시계, 바늘시계를 읽고 쓴 다음 서로 관계있는 것을 찾습니다. 긴바늘이 12를 가리키면 정각, 6을 가리키면 30분이라는 것을 정확히 알고 넘어가야 합니다.

2 기차가 각각의 지역에 도착해서 바로 출발한다는 가정하에 문제를 해결해야 합니다. 서울에서 부산까지 걸린 시간을 바로 구할 수도 있지만, 지역마다 걸린 시간을 구하여 더하는 것도 좋습니다.

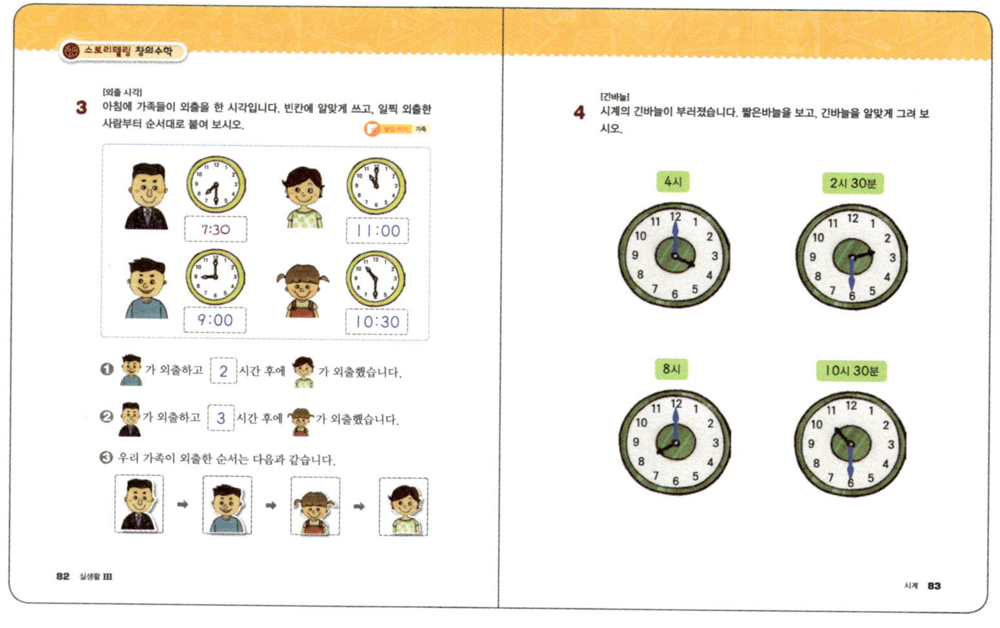
스토리텔링 창의수학

[외출 시각]

3 아침에 가족들이 외출을 한 시각입니다. 빈칸에 알맞게 쓰고, 일찍 외출한 사람부터 순서대로 붙여 보시오.

7:30 11:00 9:00 10:30

❶ 가 외출하고 2 시간 후에 가 외출했습니다.

❷ 가 외출하고 3 시간 후에 가 외출했습니다.

❸ 우리 가족이 외출한 순서는 다음과 같습니다.

82 실생활 III

[긴바늘]

4 시계의 긴바늘이 부러졌습니다. 짧은바늘을 보고, 긴바늘을 알맞게 그려 보시오.

4시 2시 30분 8시 10시 30분

시계 83

82 · 83

3 짧은바늘이 가리키는 숫자가 작을수록 외출한 시각이 빠르다는 것을 알고 순서를 나타낼 수 있습니다. 바늘시계를 보고 순서를 알 수 있다면 좋지만, 어려워한다면 시각을 쓴 후 비교하게 합니다.

4 짧은바늘이 정확히 숫자를 가리키면 정각, 두 숫자 사이를 가리키면 30분이라는 것을 압니다. 긴바늘이 12 또는 6을 가리키게 그립니다.

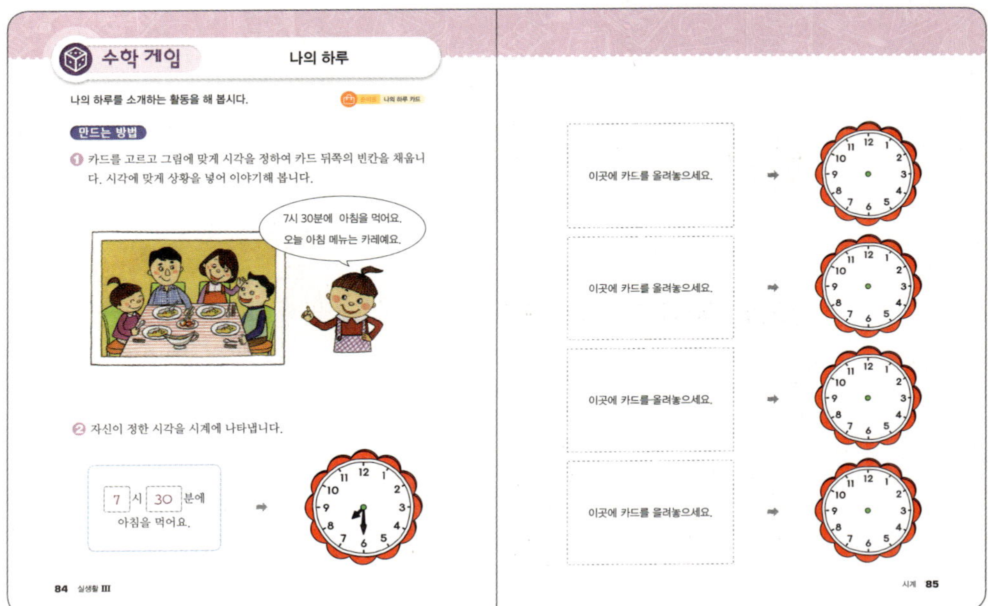

수학 게임 나의 하루

나의 하루를 소개하는 활동을 해 봅시다.

준비물 나의 하루 카드

만드는 방법

1 카드를 고르고 그림에 맞게 시각을 정하여 카드 뒤쪽의 빈칸을 채웁니다. 시각에 맞게 상황을 넣어 이야기해 봅니다.

2 자신이 정한 시각을 시계에 나타냅니다.

7 시 30 분에 아침을 먹어요.

84 실생활 III

이곳에 카드를 올려놓으세요.

이곳에 카드를 올려놓으세요.

이곳에 카드를 올려놓으세요.

이곳에 카드를 올려놓으세요.

시계 85

84 · 85

카드를 뽑아 그림에 알맞은 시각을 정하고, 시계에 나타내는 게임입니다. 이번 단원에서 다루지 않았지만, 자연스럽게 오전과 오후에 대한 개념을 알 수 있습니다. 자신이 일어나고, 밥을 먹고, 유치원을 가는 등 자신의 하루 일과를 적어 보는 활동은 계획표를 스스로 세우는 데에도 도움이 됩니다. 처음에는 정각과 30분 단위로 시각을 정하지만, 이번 단원을 모두 학습한 후 다시 게임을 한다면 다른 시각을 정할 수 있습니다.

생각 열기 시계의 긴바늘

시계의 긴바늘이 규칙에 따라 움직이고 있습니다. 빈칸에 알맞은 수를 써넣고, 알아낸 사실을 이야기해 봅시다.

3 시 / 3시 5분

3시 10분 / 3시 15분

3 시 20 분 / 3시 25분

86 실생활 III

예 • 긴바늘이 숫자 한 칸 움직일 때마다 5분씩 흐르고 있습니다.
• 긴바늘이 움직일 때 짧은바늘도 움직입니다.
• 3시 55분 다음에는 4시일 것 같습니다.

3 시 30 분 / 3시 35분

3시 40분 / 3시 45분

3시 50분 / 3 시 55 분

시계 87

86 · 87

시계의 긴바늘의 위치와 그때의 시각을 보고 규칙을 찾아 몇 시 몇 분을 나타냅니다. 생각 열기를 통해 긴바늘이 움직이는 한 칸은 5분을 나타낸다는 것을 알 수 있습니다.

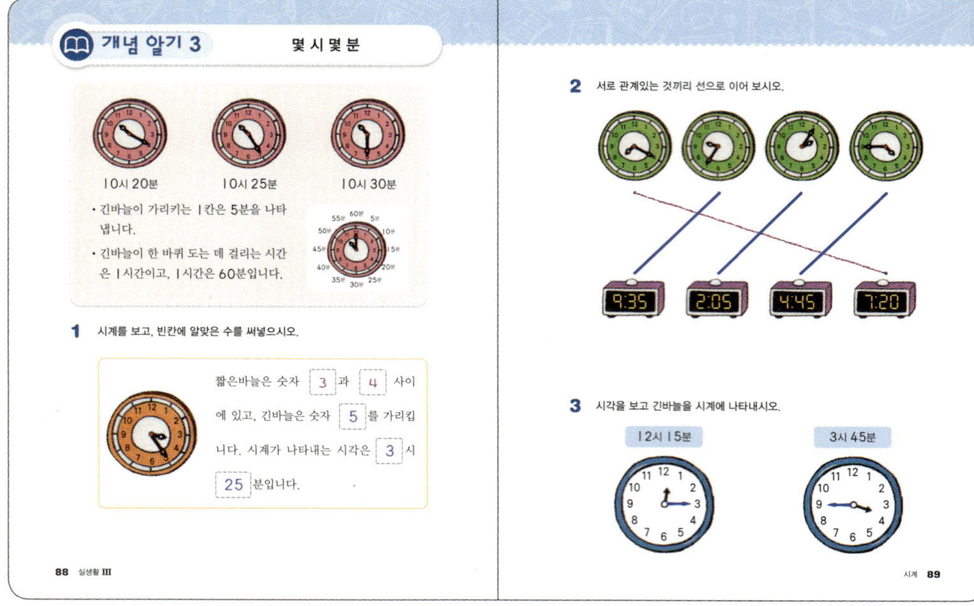

88 · 89

긴바늘이 가리키는 숫자를 보고, 몇 시 몇 분을 읽고 씁니다.

1 긴바늘이 움직일 때, 짧은바늘도 조금씩 움직인다는 것을 이해합니다. 몇 분일 때 짧은바늘이 어디를 가리키는지 알려주지는 않아도 두 숫자 사이에 위치한다는 것을 알게 합니다.

2 바늘시계와 디지털시계를 보고 몇 시 몇 분인지를 읽고 쓴 다음, 같은 시각을 나타내는 시계를 연결합니다.

3 몇 시 몇 분을 시계에 나타내 봅니다. 긴바늘이 5분에 한 칸씩 움직이는 것과 짧은바늘도 조금씩 움직이는 것을 알게 합니다.

90 · 91

긴바늘이 움직인 칸 수를 세어 걸린 시간을 구합니다.

1 긴바늘이 10분 후는 2칸, 25분 후는 5칸 움직인다는 것을 알고, 바늘시계로 나타낸 다음 시각을 읽게 합니다.

2 긴바늘이 움직인 칸 수를 세어 수업 시간을 구합니다. 짧은바늘의 위치가 달라진다는 것을 강조하면 헷갈려 할 수 있으니 긴바늘에 중점을 둡니다.

3 긴바늘이 5분 동안 1칸을 움직인다는 것을 알고, 바늘시계로 나타내도록 합니다.

스토리텔링 창의수학

[같은 시각]
1 같은 시각을 나타내는 시계에 ○표 하시오.

8:15 6:05 12:15 3:00
9:30 6:10 7:00 5:20
10:15 2:10 8:55 11:35
2:50 8:20 2:30 7:55

92 실생활 III

[영화]
2 영화 포스터를 보고 영화가 시작하는 시각과 끝나는 시각을 시계에 나타내려고 합니다. 긴바늘을 그려 시계를 완성하고, 영화 상영 시간을 구하시오.

시작 끝 2:00~2:40 시작 40 분 끝
시작 끝 3:10~3:45 시작 35 분 끝
몬스터 시작 끝 7:25~7:55 시작 30 분 끝

시계 93

92 · 93

1 시계의 바늘이 가리키는 숫자와 위치를 보고 시각을 읽고 쓴 다음 찾게 합니다. 긴바늘로 '분'을 먼저 확인한 후, 짧은바늘로 '시'를 찾는다면 쉽게 찾을 수 있습니다.

2 영화가 끝나는 시각을 시계에 나타낸 후, 긴바늘이 움직인 칸 수를 세어 영화 상영 시간을 구합니다. 심화 학습을 원한다면 영화 상영 시간을 먼저 구한 후, 칸 수를 세어 끝나는 시각을 시계에 나타내게 합니다.

스토리텔링 창의수학

[시계 박물관]
3 시계 박물관에서 큰 시계, 손목시계, 전자시계의 차례로 구경하였습니다. 여러 가지 사진을 보고, 빈칸에 알맞은 수를 써넣으시오.

큰 시계 관람 시작 1:05
손목시계 관람 시작 1:25
전자시계 관람 시작 1:40
박물관 관람이 끝나고 1:55

큰 시계 관람 시간 ➡ 20 분
손목시계 관람 시간 ➡ 15 분
전자시계 관람 시간 ➡ 15 분

Tip
큰 시계 관람 1시 5분
손목시계 관람 1시 25분
전자시계 관람 1시 40분
관람 끝 1시 55분

94 실생활 III

[놀이터]
4 세 친구가 놀이터에서 만나기로 했습니다. 출발한 시각과 가는 데 걸리는 시간을 보고, 각각 도착하는 시각을 찾아 선으로 이어 보시오.

출발 시각 25분 걸려요.
출발 시각 40분 걸려요.
출발 시각 30분 걸려요.

시계 95

94 · 95

3 사진 속 시계를 보고 시각을 읽고 씁니다. 각각의 관람 시간을 구한 다음, 전체 관람 시간도 구해 봅니다. 관람 시간을 모두 더하여 구할 수도 있지만, 관람 시작할 때의 시계와 관람 끝난 후의 시계를 보고 전체 관람 시간을 구하는 것도 좋습니다.

4 출발하는 시각에서 각각 몇 분 후의 시각을 구합니다. 긴바늘이 움직이는 칸의 수를 안다면 쉽게 구할 수 있습니다. 25분은 5칸, 40분은 8칸, 30분은 6칸 움직입니다.

IV 나이

단원소개

아이들은 나이를 통해 수를 가장 먼저 접합니다. 나이를 말하고 비교하는 상황을 통하여 덧셈과 뺄셈을 계산합니다. 2단원에서 받아올림과 받아내림이 없는 덧셈과 뺄셈을 배웠다면, 이번 단원에서는 받아올림과 받아내림이 있는 덧셈과 뺄셈을 하고, 덧셈식과 뺄셈식으로 나타낼 수 있도록 구성하였습니다.

학습목표

1 나이띠를 보고, 칸 수를 세어 두 수의 합과 두 수의 차를 구하게 합니다.
2 두 수에 같은 수를 더하여도 그 차이는 변하지 않는다는 것을 알게 합니다.
3 더하기, 빼기 관계에 있는 세 수를 찾아 덧셈식과 뺄셈식으로 나타낼 수 있게 합니다.
4 합과 차로 두 수를 찾을 수 있게 합니다.

스토리 동기유발

할아버지와 아버지의 나이를 우리나라 역사와 연관지어 소개하는 이야기입니다. 몇 년이 흐르면 나이는 몇 살 많아지는지 가족의 나이와 연관지어 이야기해 보며 흥미를 유발합니다.

생각 열기 자기소개서

자기소개서는 나를 소개하는 글입니다. 빈칸에 알맞은 수를 써넣어 나를 소개해 봅시다.

예 나는 2009 년 10 월 23 일에 태어났어요.

예 나는 지금 7 살이고, 내년에는 8 살이 돼요.

예 나는 6 살에 수학 공부를 시작했어요.

예 나는 1부터 200 까지의 수를 셀 수 있어요.

104 실생활 IV

나이 105

104 · 105

나를 소개하는 글을 쓰며, 생일, 나이 등을 통해 수에 대한 감각을 익힐 수 있습니다. 친구나 형제를 소개하는 것도 좋습니다.

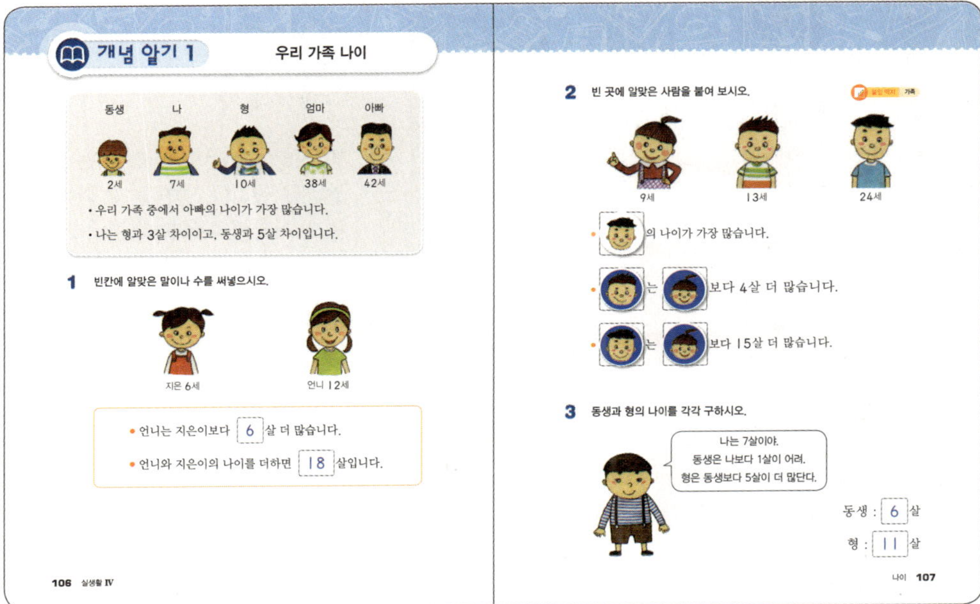

개념 알기 1 우리 가족 나이

동생 2세, 나 7세, 형 10세, 엄마 38세, 아빠 42세

- 우리 가족 중에서 아빠의 나이가 가장 많습니다.
- 나는 형과 3살 차이이고, 동생과 5살 차이입니다.

1 빈칸에 알맞은 말이나 수를 써넣으시오.

지은 6세, 언니 12세

- 언니는 지은이보다 6 살 더 많습니다.
- 언니와 지은이의 나이를 더하면 18 살입니다.

2 빈 곳에 알맞은 사람을 붙여 보시오.

9세, 13세, 24세

- ( )의 나이가 가장 많습니다.
- ( )는 ( )보다 4살 더 많습니다.
- ( )는 ( )보다 15살 더 많습니다.

3 동생과 형의 나이를 각각 구하시오.

동생 : 6 살

형 : 11 살

106·107

가족들의 나이를 알아보고 나이 차를 구해 봅니다.

1 지은이와 언니의 나이 차이와 나이의 합을 구합니다.

2 세 사람 중 나이가 가장 많은 사람을 찾고, 세 사람의 나이 차이를 구합니다.

3 나의 나이를 기준으로 형과 동생의 나이를 구합니다.

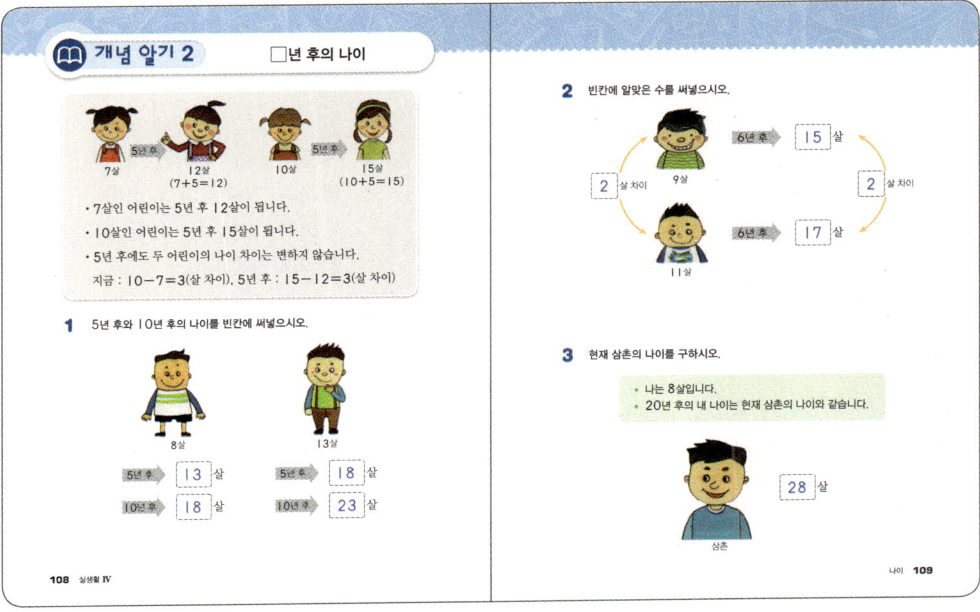

개념 알기 2 □년 후의 나이

7살 → 5년 후 → 12살 (7+5=12), 10살 → 5년 후 → 15살 (10+5=15)

- 7살인 어린이는 5년 후 12살이 됩니다.
- 10살인 어린이는 5년 후 15살이 됩니다.
- 5년 후에도 두 어린이의 나이 차이는 변하지 않습니다.
  지금 : 10−7=3(살 차이), 5년 후 : 15−12=3(살 차이)

1 5년 후와 10년 후의 나이를 빈칸에 써넣으시오.

8살: 5년 후 13 살, 10년 후 18 살

13살: 5년 후 18 살, 10년 후 23 살

2 빈칸에 알맞은 수를 써넣으시오.

9살 → 6년 후 → 15 살

11살 → 6년 후 → 17 살

2 살 차이, 2 살 차이

3 현재 삼촌의 나이를 구하시오.

- 나는 8살입니다.
- 20년 후의 내 나이는 현재 삼촌의 나이와 같습니다.

삼촌 28 살

108·109

몇 년 후의 나이를 구하고, 두 사람의 현재와 몇 년 후 나이 차이를 알아봅니다.

1 5년 후와 10년 후의 나이를 구해 봅니다. 받아올림이 있는 덧셈을 어려워 한다면 뛰어 세기 등을 이용하여 구할 수 있도록 도와줍니다.

2 받아올림이 있는 덧셈을 하여 몇 년 후의 나이를 구하고, 나이 차이도 구합니다. 이때, 나이 차이는 현재와 몇 년 후가 같다는 것을 알 수 있습니다.

3 현재 삼촌의 나이는 20년 후의 나의 나이와 같으므로 삼촌의 나이는 8+20=28(살)입니다.

스토리텔링 창의수학

[나이 덧셈 뺄셈표]
1 얼굴과 나이를 보고, 가족들의 나이를 더하거나 빼서 표를 완성하시오.

+	7	10
38	45	48
40	47	50

−	7	10
38	31	28
40	33	30

+	7	10
27	34	37
34	41	44

−	7	10
27	20	17
34	27	24

Tip
+	7
38	38+7

−	7
38	38−7

[나이띠]
2 나이만큼 칸을 색칠하여 나타내는 나이띠입니다. 빈칸에 알맞은 수나 말을 써넣으시오.

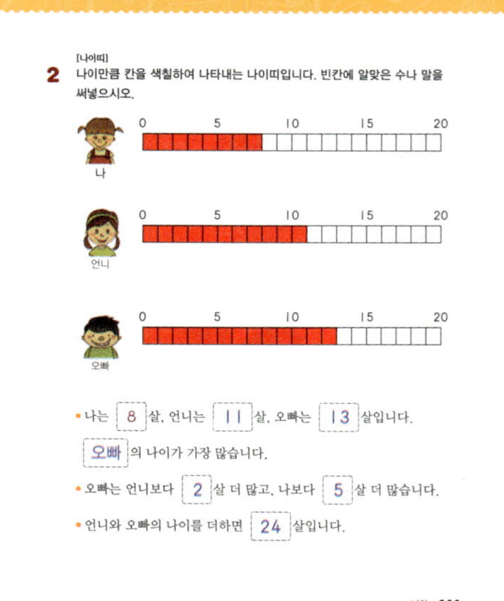

- 나는 8 살, 언니는 11 살, 오빠는 13 살입니다. 오빠 의 나이가 가장 많습니다.
- 오빠는 언니보다 2 살 더 많고, 나보다 5 살 더 많습니다.
- 언니와 오빠의 나이를 더하면 24 살입니다.

110 · 111

1 받아올림과 받아내림이 있는 덧셈과 뺄셈을 합니다. 뺄셈을 할 때에는 큰 수에서 작은 수를 빼야 합니다.

2 나이띠를 보고 각각의 나이와 나이가 가장 많은 사람을 알아봅니다. 또한 나이띠를 이용하여 나이 차이, 나이의 합을 구합니다.

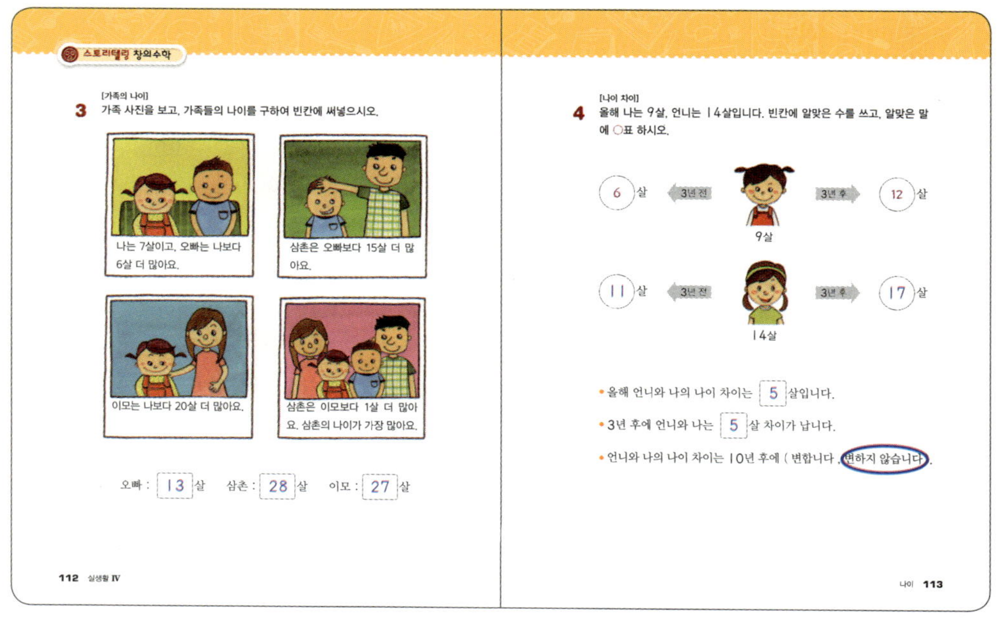

스토리텔링 창의수학

[가족의 나이]
3 가족 사진을 보고, 가족들의 나이를 구하여 빈칸에 써넣으시오.

오빠 : 13 살 삼촌 : 28 살 이모 : 27 살

112 실생활 IV

[나이 차이]
4 올해 나는 9살, 언니는 14살입니다. 빈칸에 알맞은 수를 쓰고, 알맞은 말에 ○표 하시오.

- 올해 언니와 나의 나이 차이는 5 살입니다.
- 3년 후에 언니와 나는 5 살 차이가 납니다.
- 언니와 나의 나이 차이는 10년 후에 (변합니다 , 변하지 않습니다).

나이 113

112 · 113

3 기준이 되는 나이와 나이 차이를 이용하여 가족들의 나이를 구합니다. 나이가 더 많다는 것은 나이 차이만큼 더하면 됩니다.

4 몇 년 전, 몇 년 후의 개념을 알고, 3년 전, 3년 후의 나이를 구할 수 있습니다. 해가 바뀌어도 두 사람의 나이 차이는 변하지 않는다는 사실을 정확히 아는지 5년 후의 나이 차이를 질문하여도 좋습니다.

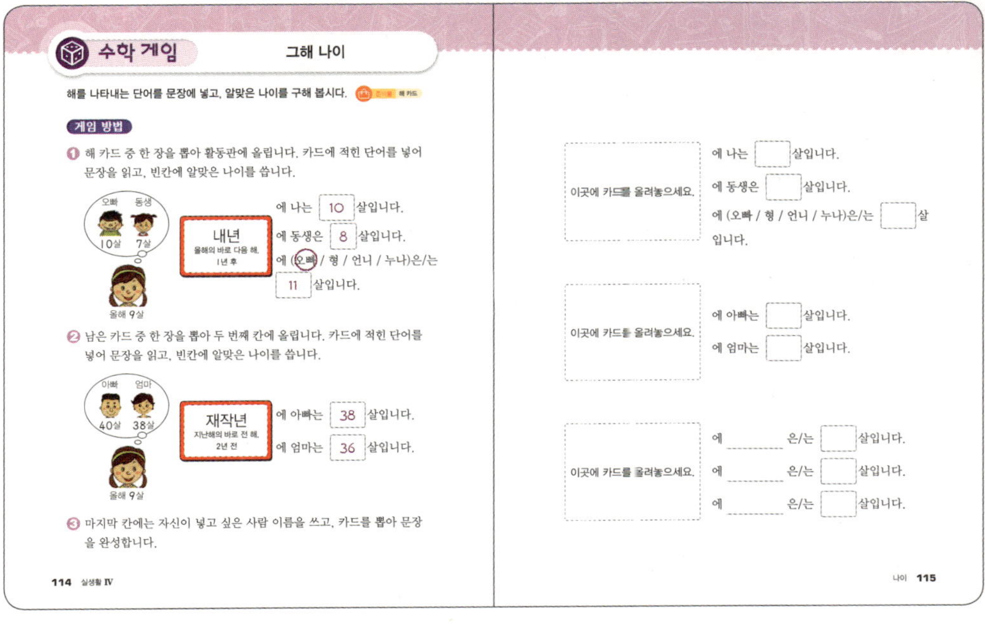
수학 게임 그해 나이

해를 나타내는 단어를 문장에 넣고, 알맞은 나이를 구해 봅시다.

게임 방법

1 해 카드 중 한 장을 뽑아 활동판에 올립니다. 카드에 적힌 단어를 넣어 문장을 읽고, 빈칸에 알맞은 나이를 씁니다.

오빠 동생 10살 7살 올해 9살

내년 올해의 바로 다음 해, 1년 후

에 나는 10 살입니다.
에 동생은 8 살입니다.
에 (오빠 / 형 / 언니 / 누나)은/는 11 살입니다.

2 남은 카드 중 한 장을 뽑아 두 번째 칸에 올립니다. 카드에 적힌 단어를 넣어 문장을 읽고, 빈칸에 알맞은 나이를 씁니다.

아빠 엄마 40살 38살 올해 9살

재작년 지난해의 바로 전 해, 2년 전

에 아빠는 38 살입니다.
에 엄마는 36 살입니다.

3 마지막 칸에는 자신이 넣고 싶은 사람 이름을 쓰고, 카드를 뽑아 문장을 완성합니다.

114 실생활 IV

이곳에 카드를 올려놓으세요. 에 나는 □살입니다. 에 동생은 □살입니다. 에 (오빠 / 형 / 언니 / 누나)은/는 □살입니다.

이곳에 카드를 올려놓으세요. 에 아빠는 □살입니다. 에 엄마는 □살입니다.

이곳에 카드를 올려놓으세요. 에 ____ 은/는 □살입니다. 에 ____ 은/는 □살입니다. 에 ____ 은/는 □살입니다.

나이 115

114 · 115

재작년, 작년, 올해, 내년, 후년이 각각 몇 년 전, 몇 년 후인지를 알고, 그 때의 나이를 알아봅니다. 나이를 구한 다음, 나이 차이를 구해 보는 것도 좋습니다.

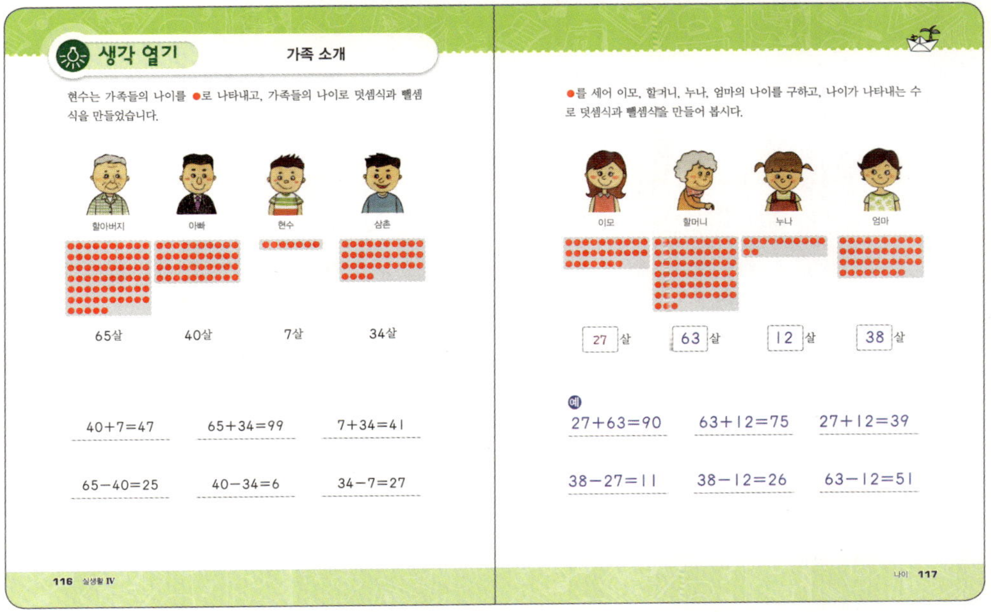
생각 열기 가족 소개

현수는 가족들의 나이를 ●로 나타내고, 가족들의 나이로 덧셈식과 뺄셈식을 만들었습니다.

할아버지 65살, 아빠 40살, 현수 7살, 삼촌 34살

40+7=47 65+34=99 7+34=41
65−40=25 40−34=6 34−7=27

116 실생활 IV

●를 세어 이모, 할머니, 누나, 엄마의 나이를 구하고, 나이가 나타내는 수로 덧셈식과 뺄셈식을 만들어 봅시다.

이모 27살, 할머니 63살, 누나 12살, 엄마 38살

예
27+63=90 63+12=75 27+12=39
38−27=11 38−12=26 63−12=51

나이 117

116 · 117

그려진 ●를 세면 가족의 나이를 알 수 있습니다. 나이로 덧셈식과 뺄셈식을 만들고 계산합니다. 계산을 어려워한다면 ●의 개수를 세어 구해도 좋습니다. 두 자리 수의 범위에서 덧셈과 뺄셈을 하기 때문에 100이 넘어가는 덧셈은 하지 않도록 합니다.

118 · 119

세 수로 덧셈식과 뺄셈식을 만들고 계산합니다.

1 세 사람 나이가 어떤 관계가 있는지 알고, 세 수로 덧셈식과 뺄셈식을 만들 수 있게 합니다.

2 네 수 중 세 수를 골라 덧셈식과 뺄셈식을 만듭니다. 만든 식을 보고, 두 수를 더해서 나온 수에서 한 개의 수를 빼었더니 다른 수가 나왔다는 등 세 수 관계에 대해서 이야기해 봐도 좋습니다.

3 다섯 사람의 나이 중 세 사람의 나이를 사용하여 덧셈식과 뺄셈식을 만듭니다.

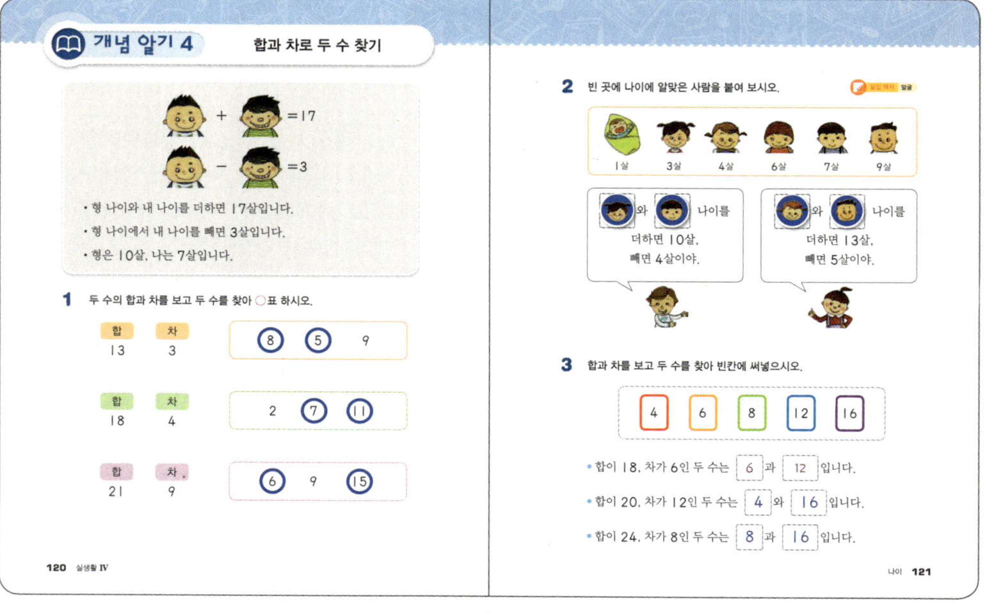

120 · 121

합과 차로 나온 결과를 보고, 두 수를 구할 수 있습니다.

1 두 수씩 짝을 지어 합이 맞는 짝을 고른 다음 차가 맞는지 확인하여 찾습니다.

2 더해서 10이 되는 두 수를 짝 지은 후, 그중 빼서 4가 되는 두 수를 찾습니다. 마찬가지로 더해서 13이 되는 두 수를 짝 지은 후, 그중 빼서 5가 되는 두 수를 찾습니다.

3 합이 18, 20, 24가 되는 두 수를 각각 짝 지어 찾은 다음 차가 6, 12, 8이 되는 두 수를 찾습니다.

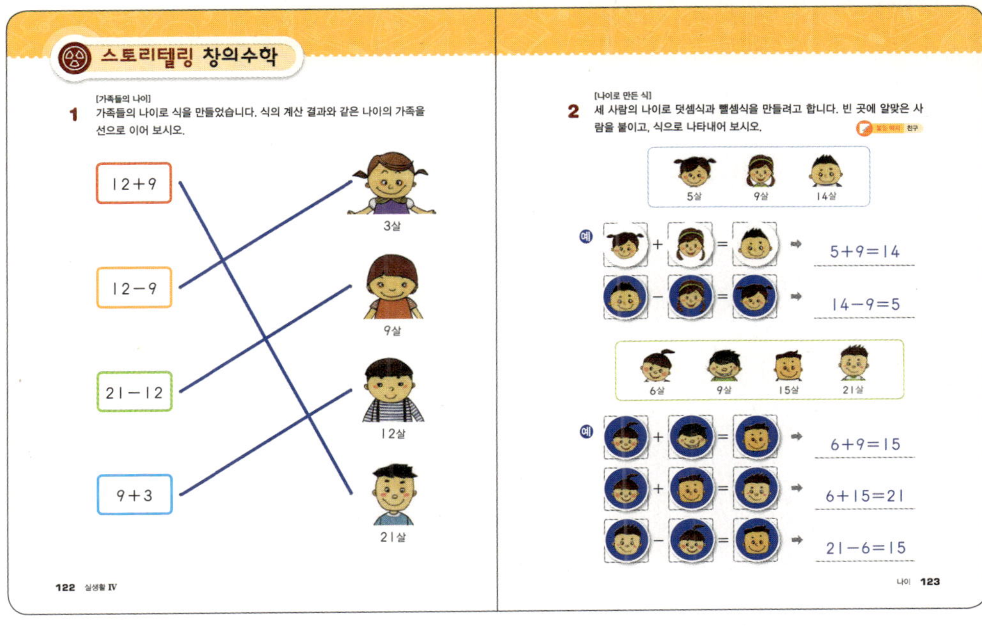

122 · 123

1 받아올림, 받아내림이 있는 덧셈과 뺄셈을 한 후, 그 결과를 찾습니다. 만약 아이가 받아올림, 받아내림을 어려워한다면 나이띠나 O를 그려서 구할 수 있도록 도와줍니다.

2 두 수의 합이 다른 한 수가 되도록, 두 수의 차가 다른 한 수가 되도록 식을 완성합니다. 마찬가지로 네 수 중 세 수를 골라 각각 덧셈식과 뺄셈식을 만들어 봅니다.

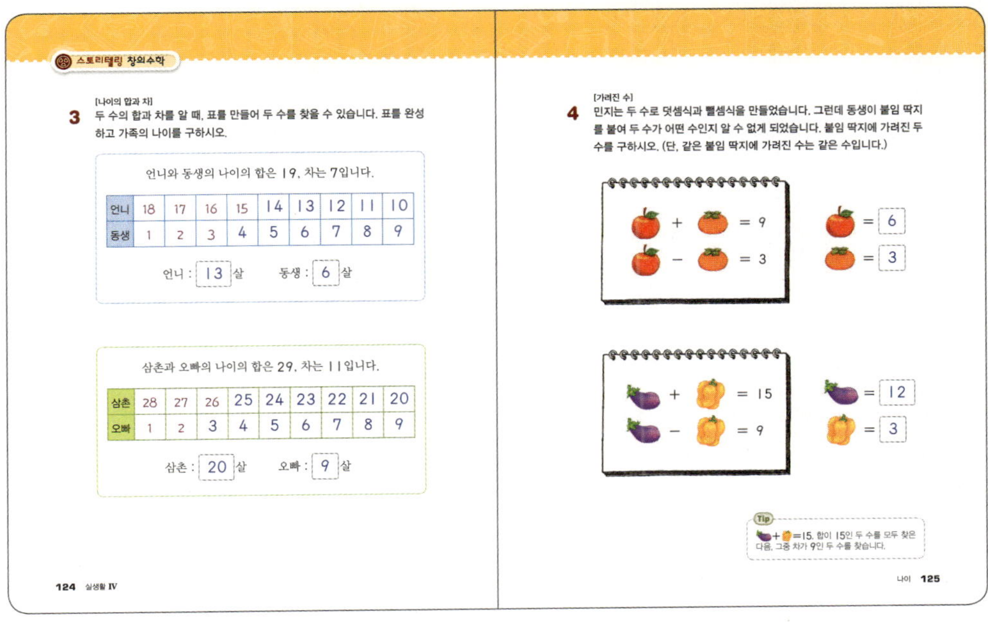

124 · 125

3 두 수의 합과 차를 알 때, 두 수를 구하는 문제는 표를 이용하면 쉽게 해결할 수 있습니다. 합을 만족하는 두 수를 모두 쓴 다음 차를 만족하는 두 수를 찾습니다.

4 두 수의 합과 차를 보고 바로 알아내지 못한다면 표를 만들어 문제를 해결하도록 합니다.

MEMO

MEMO

MEMO

우리 아이의 수학적 잠재력을 깨워주는

실생활로
배우는 수학

창의력
수학
노크
B 단계

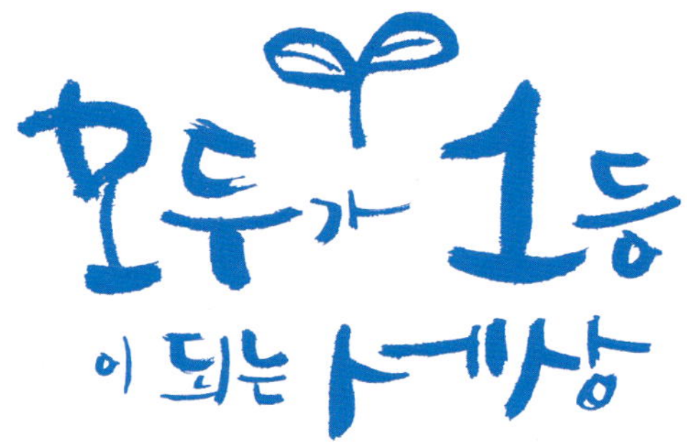
모두가 1등
이 되는 세상